JULIO VERNE

ALREDEDOR DE LA LUNA

•FONTANA•

JULIO VERNE

ALREDEDOR DE LA LUNA

TRADUCCIÓN:
YENIS OCHOA

PRÓLOGO Y PRESENTACIÓN:
FRANCESC LL. CARDONA,
Doctor en Historia y Catedrático

ALREDEDOR DE LA LUNA, Julio Verne

Prólogo / Presentación: Francesc Lluis Cardona
Traducción: Yenis Ochoa
Diseño gráfico / Ilustración portada: Daniel Jurado

Edita: Olmak Trade S.L.
C/ Roca Plana 1
08110 - Montcada i Reixac
Barcelona (España)

www.olmaktrade.com
info@olmaktrade.com

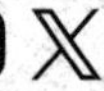

@O_BookTrade
#ClásicosFontana

Impreso en España / Printed in Spain

I.S.B.N: 978-84-10109-40-7
Depósito Legal: B 10074-2024

Estudio preliminar

El autor: Un baile de disfraces espectacular

Como si tuviéramos fácilmente a nuestro alcance una fabulosa *máquina el tiempo*, vamos a llevar a cabo un fantástico viaje a Francia unos ciento trinta y cinco años atrás.

Nos hallamos en la ciudad de Amiens, al norte de París en 1877. Grupos de curiosos contemplan la llegada de los asistentes a un baile de disfraces que tiene lugar en un suntuoso edificio iluminado. En el interior impresionantes candelabros y artísticas lámparas a gas realzan el escenario. Mientras los camareros sirven toda clase de refrescos y dulces y las jóvenes parejas bailan a los compases de una orquesta, las damas y caballeros de mayor edad conversan animadamente.

De pronto, cesa la música, se interrumpe la danza y un enorme interrogante flota en el ambiente. ¿Cuál ha sido la causa? En la puerta del salón aparece una forma rara de cartón piedra que avanza lentamente sobre el suelo encerrado, constituyendo la atracción de la velada. Suenan entonces las notas de una solemne marcha triunfal.

Después el artefacto se detiene y tres hombres con vistosos trajes descienden de él, representando a los tres protagonistas de una imaginaria historia que se había hecho popular desde hacía más de diez años: *De la Tierra a la Luna*. Una explosión de entusiasmo y una tempestad de aplausos acompaña a los recién llegados.

En un rincón de la sala un hombre solitario, de unos cincuenta años de edad, con abundante barba y cabellera, espesos bigotes, frente ancha, mirada suave y apacible, contempla la singular escena. Su fiesta ha sido un éxito completo. Amparado por la portección de su antifaz, Julio Verne, el autor de la famosa historia, el dueño de aquella lujosa mansión y organizador de la velada, cree pasar inadvertido sumergiéndose en el mundo de los recuerdos...

El autor y su mundo

A orillas del río Loira, no lejos de la desembocadura, en la bella ciudad francesa de Nantes, Julio Verne había venido al mundo el 8 de febrero de 1828. Su padre, Pedro Verne, era un competente y respetable abogado, muy orgulloso de su profesión, que educó al muchacho e intentó inculcarle desde niño la afición a las leyes sin resultado.

A los once años Julio Verne trató de embarcarse clandestinamente en un buque con destino a Calcuta, fue descubierto antes de zarpar y severamente reprendido por su progenitor. Sin embargo, su imaginación desbordante saltaba de la escuela a rincones exóticos del planeta, extasiándose con la lectura de Daniel Defoe, Fenimore Cooper y Edgar Allan Poe.

Obligado por su padre, en 1848 pasó a estudiar Derecho en París. Después de licenciarse, entró como pasante en la oficina de un abogado de la capital compañero de aquél. Agobiado por una profesión que no le gustaba dejó la pasantía perdiendo la ayuda de su progenitor y se lanzó al proceloso mar de las letras.

Relacionado con Alejandro Dumas padre y con Victor Hugo optó por escribir libretos y comedietas para poder subsistir y pagar su pensión. Pero el carácter observador y dinámico de Julio, su espíritu activo y fantasioso no cuadraban con las composiciones de tesis que le solicitaban y hasta entonces obtuvo escasos beneficios.

Su casamiento a los veintinueve años, en 1857, con una joven viuda, Honorina de Viane, madre de dos hijos, que le daría otro al novelista (Miguel) le llevó al empleo de secretario del Teatro Lírico de París para el que escribió la opereta *La Gallinita Ciega* con un mediano triunfo, compensado por el fracaso de su novela histórica *Martin Paz*.

Para ganar dinero y hacerse independiente lo probó todo. Después de casarse se hizo agente de cambio y bolsa, faceta en la que fracasó también. Se entusiasmó por la zoología y la geografía, cosa que reflejó hasta en el libreto de una opereta que escribió para sobrevivir *Monsieu de Chimpanzé*.

La hora del triunfo

Como "hacía mejores frases que negocios", tal como reza un castizo refrán francés, en 1863 le llegaría la hora del triunfo con su novela *Cinco semanas en globo*. El editor Hetzel se entusiasmó y no sólo adquirió los derechos sobre el libro, sino que previendo un pingüe negocio, firmó con Verne un contrato magnífico por veinte años, con la condición de que le entregara dos volúmenes por año, a diez mil francos por volumen (eran diez mil francos de 1863). Desde entonces trabajó durante más de veinte años. Casi sin darse cuenta comenzó a colocar los cimientos del siglo

XX y de lo que se denominaría ciencia-ficción, la cual en su mayor parte, iba muy pronto a dejar de serlo. Sería el precursor de escritores como H. G. Wells, Arthur Clarke, John Windham o Isaac Asimor y tantos otros.

Imposible enumerar aquí de un modo completo su producción que alcanza alrededor de un centenar de títulos y como "para muestra un botón" citaremos algunos que en el siglo XX, otro de los grandes inventos, el cine las acaparó: *Viaje al centro de la Tierra, De la Tierra a la Luna, Los hijos del capitán Grant, La vuelta al mundo en ochenta días, Miguel Strogoff* (El correo del Zar), y naturalmente *Veinte mil leguas de Viaje Submarino* y *La Isla Misteriosa*, un canto profético a la Asamblea de las Naciones Unidas.

Sin olvidar *Robur el conquistador* en la que se intenta demostrar la futura superioridad de las aeronaves más pesadas que el aire, *El castillo de los Cárpatos* (mezcla de ochentismo y televisión), *Un experimento del Doctor Ox* (humorismo y química), *Los quinientos millones de la princesa* (una utopía modelo en la ciudad de la higiene y el bienestar), *La casa de vapor* (un fantastico tren que ha de atravesar la India*), La isla de hélice* (sobre una isla artificial), *Dueño del mundo* (sobre diversos inventos), *El drama de Maese Zacarías* (impotente ante la inexorable detención del reloj de su vida), etc.

-¿Ha leído lo que opinan de usted los periódios?- le dijo un día Hetzel, su editor. -¿Cómo es posible que tres arriesgados viajeros disparados rumbo a la Luna, alcancen sus cercanías y regresen sanos y salvos?

-Poco me importan estos ataques- replicó Verne. –Mi obra es sólo el comienzo. Día vendrá en que desde un lugar de Florida se llevará a cabo la gran aventura, llegando no ya a sus proximidades, sino descendiendo en nuestro propio satélite y amerizando de regreso en el Pacífico. Preveo que las grandes potencias de entonces se disputarán la supremacía espacial cuando sería mejor que aunasen sus esfuerzos en bien de la humanidad.

De la Tierra a la Luna y *Alrededor de la Luna*

Dos novelas del francés Julio Verne, que se complementan, que aparecieron en 1865 y que han de leerse las dos juntas para dar por finalizada la gran aventura. El describir hipotéticos viajes a la Luna por el ser humano es muy antiguo.

Uno de los primeros y menos conocidos es el de la *Historia Verdadera* de Luciano de Samosata, redactada en el siglo II d.C. Luciano con el deje satírico que nos tiene acostumbrado en todas las obras, nos relata como su barco es arrastrado por una tempestad más allá de las famosas y pavorosas Columnas de Hércules y depositado en la Luna. En el satélite, departe con sus habitantes, sobre la mezquina vida de nuestro planeta.

Por espacio de más de un milenio "nadie se atrevió a viajar a la Luna" hasta que en el siglo XVII, nada menos que el gran astrónomo alemán Johannes Kepler en El Sueño escribe como unos demonios se lo llevan a la Luna, mientras duerme. En la obra mezcla realidad y ficción porque su descripción del satélite, salvo en sus habitantes es científica.

A partir de entonces las historias sobre viajes a la Luna se intensifican. El obispo inglés con el seudónimo del español Domingo Gonsales, construyó un carro tirado por gansos, animales que "como es bien sabido" pasaban el invierno en la Luna. Gonsales, sería así el *primer astronauta* de la ciencia ficción.

La primera obra moderna famosa es el *Viaje a los imperios de la Luna y el Sol* del *narizotas* Cyrano de Bergerac utilizó varios métodos para alcanzar el satélite (pero no su prominente narizota) incluido el cohete. Los selenitas andaban de cuatro patas y hablaban un idioma musical.

Vienen a continuación las dos obras que presentamos al lector. Revelan (como todas las de Julio Verne) un profundo conocimiento científico aunque se acomodan tres arriesgados viajeros disparados por un gigantesco cañón para vencer la fuerza terrestre de la gravedad.

Verne sabía que aquello no era factible porque, aunque lo fuera, los tripulantes morirían instantáneamente aplastados por el disparo. Sin embargo, pasa por alto esta *menudencia*, y para controlar la nave los astronautas se valen del principio de acción-reacción, al igual como lo realizan las modernas naves espaciales.

"Poco me importan las objeciones", solía contestar, "mi obra es sólo el comienzo. Día vendrá en que, tal como señalo en mi novela, desde un lugar de Florida se llevará a cabo la gran aventura, llegando no ya a las proximidades, sino descendiendo en nuestro propio satélite y amerizando de regreso en el Pacífico. Preveo que las grandes potencias de entonces se disputarán la supremacía espacial cuando sería mejor que aunasen sus esfuerzos en bien de la humanidad."

El editor Hetzel no salía de su asombro. La seguridad de su interlocutor llegaba a borrarle toda muestra de escepticismo.

Disparando el proyectil es desviada ligeramente su trayectoria por la atracción de un bólido o supuesto satélite terrestre que encontró a los ocho mil kilómetros de empezar el viaje de forma que la bala-proyectil no llega a la Luna, sino a sus proximidades y retenido por la ley de la gravitación parece condenado a girar en torno del astro eternamente (argumento de *Alrededor de la Luna*). La explosión de un nuevo meteorito y el disparo de unos cohetes que el proyectil lleva en su base, logran redimirle de aquella condena anulando la fuerza de atracción lunar y lanzándole de nuevo a la Tierra, a donde llega felizmente cayendo tal como se había previsto y flotando en el Océano Pacífico de donde es recogido intacto.

El atrevido y pintoresco relato contiene interesantes cálculos y amenísimas descripciones de la Luna, contemplada tan de cerca por los intrépidos viajeros, así como de los preparativos, la fundición y disparo del monstruoso *Columbiad*.

En el año 2005 se cumplieron cien años de la muerte del genial autor francés que "sin Internet" y sin moverse de su estudio creó las más maravillosas novelas futuribles, muchas de las cuales, por lo que toca a los adelantos reseñados, se fueron cumpliendo a lo largo del siglo XX y comienzos del nuestro. Pero entonces, la polémica estuvo servida llegando a tacharse a su autor de fantasioso y visionario y hasta se afirmó que incluso su personalidad era inexistente, que Julio Verne era solamente el seudónimo de una sociedad científica.

Pero el escritor imperturbable, endurecido ante los momentos difíciles, continuó su tarea como si tal cosa.

Después de él, Herbert G. Wells (1866-1946) compuso *Los primeros hombres en la Luna*. Su protagonista, Cavor, ha descubierto la *cavorita*, un material que desafía las leyes de la gravedad y con el que unta la parte exterior de una esfera. Cavor y sus protagonistas viajan en su interior hasta la Luna y allí se enfrentan a los malvados selenitas, hasta que, tras muchas aventuras, uno de los viajeros puede regresar a la Tierra.

Ni que decir tiene que casi todos los títulos de la historia de la ciencia ficción sobre la luna fueron desarrollados por el cine (y después por la *pequeña pantalla*) comenzando por la impagable obra del francés Georges Meliès *Voyage dans la Lun* (Viaje a la Luna) ya en 1902, en cine *mudo* naturalmente.

Francesc Lluis Cardona

JULIO VERNE

ALREDEDOR DE LA LUNA

Introducción

Al transcurrir el año 186... sorprendió al mundo entero la noticia de una tentativa científica sin ejemplo en los anales de la ciencia. Los miembros del «Gun-Club», círculo de artilleros fundado en Baltimore durante la guerra de Secesión, concibieron el propósito de ponerse en comunicación nada menos que con la Luna, enviando hasta dicho satélite una bala de cañón. El presidente Barbicane, promotor del proyecto, después de consultar a los astrónomos del observatorio de Cambridge, tomó las medidas necesarias para el éxito de aquella empresa extraordinaria, que la mayor parte de las personas componentes declararon realizable, y después de abrir una suscripción pública que produjo cerca de treinta millones de francos, dio principio a su tarea gigantesca.

Según la nota redactada por los individuos del observatorio, el cañón destinado a lanzar el proyectil debía colocarse en un país situado entre los 0° y 28° de latitud Norte o Sur, con objeto de apuntar a la Luna en el cenit. La bala debía recibir el impulso capaz de comunicarle una velocidad de doce mil yardas por segundo; de manera que, lanzada por ejemplo, el 10 de diciembre, a las once menos trece minutos y veinte segundos de la noche, llegase a la Luna a los cuatro días de su salida, o sea el 5 de diciembre, a las once en punto de la noche, en el momento en que el satélite se encontrara en su perigeo, es decir, a su menor distancia de la Tierra, o sean ochenta y seis mil cuatrocientas diez leguas justas.

Los principales individuos del «Gun-Club», el presidente Barbicane, el comandante Elphiston, el secretario J. T. Maston y otros hombres de ciencia celebraron repetidas sesiones en que se discutió la forma y composición de la bala, la disposición y naturaleza del cañón, y por último, la calidad y cantidad de la pólvora que había de emplearse. De estas discusiones salieron los siguientes acuerdos:

1. Que el proyectil fuese una bala de aluminio de ciento ocho pulgadas de diámetro y sus paredes de doce pulgadas de espesor, con un peso de diecinueve mil doscientas cincuenta libras.

2. Que el cañón tenía que ser un columbiad de hierro fundido, de novecientos pies de largo y vaciado directamente en el suelo.

3. Que la carga se haría con cuatrocientas mil libras de algodón pólvora, las cuales, produciendo seis millones de litros de gas bajo el proyectil, podrían lanzarlo fácilmente hasta el astro de la noche.

Una vez resueltas estas cuestiones, el presidente Barbicane, auxiliado por el ingeniero Murchison, eligió un punto situado en la Florida a los 27° 7' de latitud Norte y 5° 7' de longitud Este, en donde después de maravillosos trabajos, quedó fundido el cañón con toda éxito.

Así estaban las cosas, cuando ocurrió un incidente que vino a aumentar de un manera extraordinario el interés de aquella gigantesca empresa.

Un francés, un parisiense caprichoso, artista de talento y audacia, manifestó el deseo resuelto de encerrarse en el proyectil a fin de llegar a la Luna y practicar un reconocimiento del satélite de la Tierra. Ese intrépido aventurero se llamaba Miguel Ardán; llegó a América, fue recibido con entusiasmo, celebró reuniones públicas, se vio aclamado triunfalmente, consiguió reconciliar al presidente Barbicane y al capitán Nicholl, que eran enemigos mortales y, en prueba de reconciliación, los decidió a embarcarse juntos en el proyectil.

Entonces se modificó la forma del proyectil, que en vez de ser esférico, fue cilindrocónico. Se colocaron en aquella especie de vagón aéreo muelles de gran resistencia y tabiques móviles que amortiguasen el golpe de la salida. Sé les proveyó de víveres para un año, de agua para unos cuantos meses y de gas para algunos días. Un aparato automático elaboraba y producía el aire necesario para la respiración de los tres viajeros. Al mismo tiempo, el «Gun-Club» mandaba construir por su cuenta, en una de las más altas cumbres de las Montañas Rocosas, un telescopio gigantesco, por medio del cual se podría observar la marcha del proyectil a través del espacio.

El día 30 de noviembre, a la hora anunciada, y en medio de extraordinaria concurrencia de espectadores, se efectuó la salida, y por primera vez tres seres humanos abandonaron el globo terrestre, lanzándose a los espacios interplanetarios, casi con la seguridad de llegar a su destino.

Los intrépidos viajeros, Miguel Ardán, el presidente Barbicane y el capitán Nicholl debían recorrer su camino en noventa y siete horas, trece minutos y veinte segundos. Por consiguiente su llegada a la superficie del disco lunar no podía efectuarse hasta el 5 de diciembre, a medianoche, en el momento mismo de ocurrir el plenilunio, y no el 4, como lo habían anunciado algunos periódicos mal informados.

Pero ocurrió algo inesperado: la detonación del columbiad produjo una alteración en la atmósfera terrestre acumulando en ella gran cantidad de vapores. Este fenómeno llenó de despecho a todo el mundo, porque la Luna estuvo cubierta unas cuantas noches a los ojos de los que la exploraban.

El digno J. T. Maston, el más valiente amigo de los viajeros, se encaminó a las Montañas Rocosas, acompañado del respetable. Belfast, director del observatorio de Cambridge, y llegó a la estación de Long's Peak, donde se alzaba el telescopio que acercaba la Luna hasta la distancia de dos leguas. El secretario del «Gun-Club» quería observar por sí mismo la marcha del vehículo que conducía a sus amigos.

La acumulación de nubes en la atmósfera impidió toda observación durante los días 5, 6, 7, 8, 9 y 10 de diciembre. Hasta se creyó que se habían de aplazar las observaciones hasta el 3 de enero siguiente; porque como el 11 de diciembre entraba la Luna en cuarto menguante, lo presentaría ya más que una porción cada día menor de su disco, insuficiente para poder examinar la marcha del proyectil.

Mas al fin, con gran alegría de todos, una fuerte tempestad despejó la atmósfera en la noche del 11 al 12 de diciembre, y la Luna, iluminada en su mitad, se dejó ver perfectamente sobre el fondo negro del cielo.

Aquella misma noche, los señores Maston y Belfast enviaron un cablegrama desde la estación de Long's Peak a los individuos del observatorio de Cambridge en el que comunicaban que el día 11 de diciembre, a las ocho y cuarenta y siete minutos de la noche, habían distinguido el proyectil lanzado por el columbiad de Stone's Hill; que la bala, desviada de la dirección por una causa desconocida, no había llegado a su término, si bien había pasado bastante cerca para ser detenida por la atracción lunar y en su movimiento circular, empezando a recorrer una órbita elíptica alrededor del astro de la noche, convirtiéndose en satélite suyo.

Añadía el mensaje que los elementos de este nuevo astro no habían podido calcularse todavía; y, en efecto, para determinarlos se necesitaban tres observaciones hechas encontrándose el astro en tres posiciones diferentes. Después indicaban que la distancia entre el proyectil y la superficie lunar «podía» valorarse en unas dos mil ochocientas treinta y tres millas, o sea unas mil cien leguas.

Finalmente, terminaba emitiendo estas dos hipótesis: o la atracción lunar vencería y los viajeros llegarían a su destino, o el proyectil, detenido en una órbita inmutable, gravitaría en torno del disco lunar hasta la consumación de los siglos.

¿Cuál podría ser la suerte de los viajeros en este último caso? Verdad es que tenían víveres para cierto tiempo. Pero aun en el caso de que su empresa tuviera el mejor éxito, ¿cómo volverían? ¿Podrían acaso volver? ¿Habría noticias suyas? Todas estas cuestiones, debatidas por plumas competentes, interesaban en alto grado a la opinión pública.

No estaría de más hacer aquí una observación que deben de tener en cuenta los impacientes. Cuando un sabio anuncia al público un descubrimiento puramente especulativo ha de proceder con mucha prudencia. Nadie está obligado a destruir un planeta, ni un cometa, ni un satélite, y el que se equivoca en casos semejantes se expone a las burlas de la multitud. Por lo tanto, es preferible esperar y esto es lo que hubiera debido hacer el impaciente J. T. Maston, antes de enviar aquel cablegrama que, según él, decidía ya el resultado definitivo de aquella empresa.

En efecto, había en él errores de dos clases, como se demostró después en primer lugar, errores de observaciones respecto a la distancia entre el proyectil y la superficie lunar; porque en la fecha del 11 de diciembre, era imposible verlo; y lo que J. T. Maston había creído ver no podía en manera alguna ser la bala del columbiad. En segundo lugar, erró la teoría relacionada con la suerte que podría correr el citado proyectil; porque al suponerlo convertido en satélite de la Luna era ponerse en contradicción con las leyes de la mecánica racional.

No podía realizarse más que una sola hipótesis de los observadores del Long's Peak: la que preveía el caso en que los viajeros, si vivían, combinaran sus esfuerzos con la atracción lunar a fin de llegar a la superficie del astro.

Pues bien, aquellos hombres tan inteligentes como atrevidos habían sobrevivido al terrible golpe que determinó la salida, y vamos a referir su viaje dentro del proyectil vagón, con todos sus dramáticos y singulares pormenores. Esté relato destruirá muchas ilusiones y muchas previsiones; pero dará una idea exacta de las peripecias reservadas a semejante empresa y pondrá en evidencia los instintos científicos de Barbicane, los recursos del ingenioso Nicholl y la audacia humorística de Miguel Ardán.

Demostrará también que su digno amigo J. T. Maston perdía lastimosamente el tiempo cuando, inclinado sobre su gigantesco telescopio, observaba la marcha de la Luna por los espacios estelares a la busca del famoso proyectil.

Capítulo I:
Tomando posiciones

Al escuchar que daban las diez, Miguel Ardán, Barbicane y Nicholl se despidieron de la multitud de amigos que habían ido a despedirles. Los dos perros destinados a arraigar la raza canina en los continentes lunares estaban ya encerrados en el proyectil. Los tres viajeros se acercaron a la boca del enorme tubo de hierro fundido y una grúa volante los descolgó hasta el vértice del proyectil.

Una abertura practicada en este punto les permitió entrar en el vagón de aluminio. No bien estuvieron fuera los aparejos de la grúa, se desmontaron apresuradamente los andamios que rodeaban la boca del columbiad.

En cuanto Nicholl se vio con sus compañeros en el proyectil, se apresuró a cerrar la abertura por medio de una gran placa sujeta interiormente con fuertes tornillos a presión. Otras placas, sólidamente adaptadas, cubrían los cristales lenticulares de los tragaluces. Los viajeros, encerrados herméticamente en su prisión metálica, se encontraban sumidos en la más profunda oscuridad.

—Y ahora, queridos compañeros —dijo Miguel Ardán—, procedamos como si estuviéramos en nuestra casa; yo soy un hombre muy casero, y mi fuerte es el arreglo de las habitaciones. Hay que sacar el mejor partido de nuestra vivencia y encontrar comodidades en ella. ¡Ante todo, tengamos luz! ¡Qué diablo! El gas no se ha hecho para los topos.

Y, al pronunciar estas palabras, el alegre mozo encendió un fósforo y lo acercó a la llave de un recipiente lleno de hidrógeno carbonado a elevada presión y en cantidad suficiente para suministrar luz y calor por espacio de ciento cuarenta y ocho horas, o sean seis días con seis noches.

Se encendió el gas; y el proyectil, así iluminado, presentaba el aspecto de una habitación bastante decente, con las paredes cubiertas de un tapiz acolchado, divanes circulares alrededor y techo abovedado.

Las armas, las herramientas, los instrumentos y demás objetos que contenía, iban sujetos al tapiz acolchado y podían sufrir sin riesgo el choque de la salida. Se habían tomado, en fin, todas las precauciones humanamente posibles para llevar a feliz término tan temeraria tentativa. Miguel Ardán lo examinó y pareció muy satisfecho de su posición.

—Es una cárcel —dijo—, pero una cárcel que viaja, y, con tal de poder asomar la nariz a la ventana, no tendré inconveniente en hacer el contrato de arrendamiento por cien años. ¿Por qué te ríes, Barbicane? ¿Qué piensas? ¿Que esta prisión puede ser nuestro sepulcro? Enhorabuena, pero yo no la cambiaría por el de Mahoma, que flota en el aire y no se mueve.

En tanto hablaba en estos términos, Miguel Ardán, Barbicane y Nicholl hacían los últimos preparativos. Eran, en el cronómetro de Nicholl, las diez y veinte minutos de la noche cuando los tres viajeros se encerraron definitivamente en el proyectil. Aquel cronómetro estaba puesto a la décima de segundo con el del ingeniero Murchison. Barbicane le consultó.

—Amigo —dijo—, son las diez y veinte. A las diez y cuarenta y siete Murchison lanzará la chispa eléctrica por el alambre que comunica con la carga del columbiad, y en ese momento abandonaremos nuestro planeta; nos quedan veintisiete minutos de permanencia en la Tierra.

—Veintiséis minutos y trece segundos —respondió metódico Nicholl.

—¡Pues bien! —exclamó Miguel Ardán, en un tono alegre—, en veintiséis minutos se pueden hacer muchas cosas. Se pueden discutir las más graves cuestiones de moral y de política y hasta resolverlas. Veintiséis minutos bien empleados, valen mucho más que veintiséis años sin hacer nada. Unos cuantos segundos de Pascal o Newton son más preciosos que toda la existencia de esa multitud de imbéciles…

—¿Y qué deduces de eso, charlatán sempiterno? —preguntó el prudente Barbicane.

—Deduzco que tenemos veintiséis minutos —respondió Ardán.

—Veinticuatro solamente —rectificó Nicholl.

—Veinticuatro si te empeñas, querido capitán —dijo Ardán—; veinticuatro minutos, durante los cuales se podría profundizar…

—Miguel —replicó Barbicane—, durante la travesía que hemos de hacer tendremos tiempo de sobra para profundizar las cuestiones más arduas. Ahora ocupémonos en lo relativo a nuestra partida.

—¿No estamos ya listos?

—Sin duda; pero hay que tomar todavía algunas precauciones, a fin de atenuar en lo posible el efecto del primer choque.

—¿No tenemos esos almohadones de agua dispuestos entre las paredes móviles y cuya elasticidad nos protegerá lo bastantes?

—Así, lo espero, Miguel —respondió Barbicane—; pero no estoy del todo, seguro.

—¡Ah, embaucador! —exclamó Miguel Ardán—. Aguardar el momento en que estamos encerrados para hacer esta lastimosa confesión. Yo quiero marcharme.

—¿Y cómo? —preguntó Barbicane.

En efecto —dijo Miguel Ardán—, es difícil. Estamos en el tren y el silbato del conductor va a sonar —antes de veinticuatro minutos.

—Veinte —dijo Nicholl.

Los viajeros se miraron unos a otros por algunos segundos. Después se pusieron a examinar los objetos encerrados con ellos.

—Todo está en su sitio —dijo Barbicane—; ahora hay que pensar cómo nos colocaremos para sufrir mejor el primer choque. La posición que adoptemos es cosa de gran importancia, pues es necesario evitar en lo posible el que nos afluya la sangre a la cabeza.

—Es verdad —confirmó Nicholl.

—Entonces —dijo. Miguel Ardán, disponiéndose a hacer lo que decía pongámonos cabeza abajo, como los payasos.

—No —repuso Barbicane—, vale más que nos tendamos de lado, así es como mejor resistiremos el choque; debéis tener presente que en el momento de partir el proyectil, el encontrarnos dentro de él viene a ser poco más o menos lo mismo que si estuviéramos ubicados delante.

—El «poco más o menos» es lo que me tranquiliza.

—¿Aprobáis mi idea, Nicholl? —preguntó Barbicane.

—Enteramente —respondió el capitán—, todavía faltan trece minutos y medio.

—Nicholl no es hombre —dijo Miguel—, es un cronómetro de segundos, con escape y ocho centros sobre…

Pero sus compañeros no le escuchaban, y tomaban sus últimas disposiciones con admirable sangre fría. Parecían dos viajeros metódicos, que se encuentran en un coche ordinario y procuran acomodarse lo mejor posible. No se comprende, en efecto, de qué materia están hechos esos corazones americanos, que no dan una pulsación más de lo corriente ante un peligro espantoso.

En el interior del proyectil se habían ubicado tres camas blandas y sólidamente aseguradas, como todo lo que iba allí. Nicholl y Barbicane se colocaron en el centro del disco que formaba el piso móvil; en ellas debían acostarse los viajeros pocos momentos antes de partir. .

Mientras tanto, Ardán, que no podía estarse quieto, daba vueltas a su estrecha prisión, como una fiera enjaulada, hablando con sus amigos o con los perros, Diana y Satélite, a los cuales, como se ve, había dado nombres significativos y en armonía con la expedición de que formaban parte.

—¡Hola Diana! ¡Hola, Satélite! Vamos a ver si enseñáis a los perros selenitas los buenos modales de los perros terrestres! Esto hará honor a la raza canina. ¡Por Dios! Si alguna vez volvemos a la Tierra quiero traer un tipo cruzado de moon-dogs y estoy seguro de que causará sensación.

—Si es que hay perros en la Luna —dijo Barbicane.

—Los hay, sin duda —aseguró Miguel Ardán—, como hay caballos, vacas, asnos y gallinas. Apuesto a que encontramos gallinas.

—Cien dólares a que no las encontramos —dijo Nicholl.

—Apostados, capitán —respondió Ardán, estrechando las manos de Nicholl—. Y, a propósito, tú has perdido ya tres apuestas con nuestro presidente; ya que se han reunido los fondos necesarios para la empresa que se ha hecho bien la fundición y, en fin, que el columbiad ha sido cargado sin accidente; total, seis mil dólares.

—Sí —respondió Nicholl—; las diez y treinta y siete minutos y seis segundos.

—Corriente, capitán; pues antes de un cuarto de hora tendrás que dar nueve mil dólares más al presidente, cuatro más porque el columbiad no reventará, y cinco mil porque el proyectil se elevará a más de seis millas.

—Tengo el dinero —respondió Nicholl, golpeándose con la mano el bolsillo de su levita—, y no deseo sino pagar.

—Vamos, Nicholl, ya veo que eres un hombre ordenado, cosa que yo nunca he podido ser. Pero en resumidas cuentas, me permitirás decirte que has hecho una serie de apuestas poco ventajosas para ti.

—¿Y por qué? —preguntó Nicholl.

—Porque si ganas la primera es señal de que habrá reventado el columbiad y con él la bala y Barbicane no estará en condición de pagarte.

—Mi apuesta se encuentra depositada en el Banco de Baltimore —respondió simplemente Barbicane—; y a falta de Nicholl serán sus herederos los que la perciban.

—¡Ah, hombres prácticos! —exclamó Miguel Ardán; ¡espíritus positivos! Os admiro, aunque no os comprenda.

—¡Las diez y cuarenta y dos! —exclamó Nicholl.

—¡Sólo faltan cinco minutos! —respondió Barbicane.

—¡Sí, cinco pequeños minutos! —replicó Miguel Ardán—. ¡Y estamos encerrados en una bala, y en el fondo de un cañón de 900 pies! ¡Y debajo de esa bala hay cuatrocientas mil libras de pólvora común! Y el amigo Murchison, con el cronómetro en la mano, la vista fija en la aguja y el dedo en el aparato eléctrico, cuenta los segundos y va a lanzarnos a los espacios interplanetarios.

—¡Basta, Miguel, basta! —dijo gravemente Barbicane—. Preparémonos; sólo nos faltan unos cuantos instantes para el momento supremo; vengan esas manos, amigos míos.

—¡Sí! —exclamó Ardán, más conmovido de lo que figuraba.

Y los tres animosos compañeros se abrazaron estrechamente.

—¡Dios nos asista! —dijo el religioso Barbicane.

Miguel Ardán y Nicholl se tendieron en las camas dispuestas en el centro del disco.

—¡Las diez y cuarenta y siete! —murmuró el capitán.

¡Veinte segundos todavía! Barbicane apagó rápidamente el gas y se tendió junto a sus compañeros.

Al momento reinó un silencio profundo, interrumpido únicamente por las pulsaciones del cronómetro que marcaba los segundos.

De repente hubo un choque espantoso, y el proyectil, impulsado por seis mil millones de litros de gas, producidos por la deflagración de la piroxilina, se elevó en el espacio.

Capítulo II:
La primera media hora

¿Qué había sucedido? ¿Cuál fue el resultado de la terrible sacudida? ¿Había tenido feliz resultado el ingenio de los constructores del proyectil? ¿Se había logrado amortiguar el choque por medio de muelles, de los obturadores, de las almohadillas de agua Y los tabiques elásticos? ¿Se había conseguido dominar el terrible impulso de aquella velocidad inicial de 11,000 metros, suficiente para llegar a París o Nueva York en un segundo? Esto era, indudablemente, lo que se preguntaban los testigos de la asombrosa escena, olvidando por un momento el objetivo del viaje, para no pensar más que en los viajeros. Y si alguno de ellos, por ejemplo J. T. Maston hubiera podido mirar al interior del proyectil, ¿qué habría visto?

Por el momento, nada. La oscuridad era completa dentro del proyectil, cuyas paredes habían resistido perfectamente, sin producirse en ellas la más simple abertura, flexión o deformación. El magnífico proyectil no se había alterado en nada, a pesar de la intensa deflagración de la pólvora, ni fundido, como algunos temían, produciendo una lluvia de aluminio líquido.

Respecto a los objetos que encerraba, alguno que otro había sido aplastado contra el suelo; pero la mayoría había resistido perfectamente el choque; sus asideros se encontraban intactos.

En el disco movible, que había descendido hasta el fondo, por haber cedido los tabiques elásticos y salida del agua, yacían tres cuerpos sin movimiento. ¿Respiraban todavía Barbicane, Nicholl y Miguel Ardán, o aquel proyectil no era ya más que un sepulcro de metal que llevaba tres cadáveres a través del espacio?

Pocos minutos después de la salida, uno de los tres cuerpos se movió, agitó los brazos, levantó la cabeza y, por fin, se puso de rodillas. Era Miguel Ardán, el cual, después de palparse y lanzar un suspiro estrepitoso, dijo:

—Miguel Ardán está completo; vamos a ver los demás.

Y el resuelto francés quiso levantarse, pero no pudo tenerse en pie; su cabeza vacilaba y sus ojos, inyectados en sangre, no veían; parecía, un hombre embriagado.

—¡Demonio! —exclamó—. Esto me hace el mismo efecto que dos botellas de «Cordon»; pero me es menos agradable al paladar.

Pasándose luego la mano por la frente y frotándose las sienes, gritó con fuerza:

—¡Nicholl! ¡Barbicane!

Aguardó un rato con ansiedad y no obtuvo respuesta, ni siquiera un suspiro que indicara que el corazón de sus amigos seguía latiendo, volvió a llamarlos y continuó el mismo silencio.

—¡Cáspita! —dijo—. Parece que han caído de cabeza de un quinto piso! ¡Vaya! —añadió, con su imperturbable confianza—. Si un francés ha podido ponerse de rodillas, dos americanos bien podrán ponerse en pie. Pero ante todo veamos lo que hacemos.

Advertía Ardán que iba recobrando la vida por momentos, su sangre se calmaba y recobraba su circulación acostumbrada. Haciendo nuevos esfuerzos consiguió mantenerse en equilibrio; se levantó, encendió una cerilla y, acercándola al mechero, lo encendió. Entonces pudo cerciorarse de que el recipiente no había sufrido desperfecto alguno, ni el gas se había salido; lo cual, además; ya se lo hubiese revelado el olfato, y tampoco habría podido encender la luz impunemente en semejante caso; porque el gas, mezclado con el aire hubiera formado una mezcla detonante cuya explosión habría acabado lo que tal vez había empezado a hacer la sacudida.

Así que tuvo encendida la luz se acercó Ardán a sus compañeros, cuyos cuerpos estaban uno sobre otro, como masas inertes; Nicholl encima y Barbicane debajo.

Ardán cogió a Nicholl, lo incorporó, le recostó contra un diván y empezó a darle friegas vigorosamente. Por este medio practicado con inteligencia, consiguió reanimar al capitán, abrió los ojos, recobró instantáneamente su sangre fría, tomó la mano de Ardán y, mirando luego en torno suyo preguntó:

—¿Y Barbicane?

—Ya le llegará el turno —respondió tranquilamente Miguel Ardán—; he empezado por ti que estabas encima, vamos ahora con él, a resucitarle.

Y así diciendo, Ardán y Nicholl levantaron al presidente del «Gun-Club» y le colocaron en el diván. Barbicane no parecía haber sufrido más que —sus compañeros; se veía que había vertido sangre, pero pronto Nicholl se convenció de que aquella enorme hemorragia provenía de una herida en el hombro. Barbicane, sin embargo, tardó algún tiempo en volver en sí, lo cual no dejó de sobresaltar a sus compañeros, que continuaban dándole fricciones sin cesar.

—Sin embargo, respira —decía Nicholl, acercando el oído al pecho del presidente.

—Sí —respondió Ardán—, respira como quien tiene

costumbre de hacerlo todos los días; frotemos, Nicholl, frotemos, sin parar.

Y los improvisados enfermeros lo hicieron tan bien, que Barbicane recobró el sentido, abrió los ojos, tomó la mano a sus amigos, y preguntó ante todo:

—¿Caminamos, Nicholl?

Nicholl y Ardán se miraron, recordando que no habían pensado en el proyectil, porque su primer cuidado había sido los viajeros y no el vehículo.

—¡Dice bien! ¿Marchamos? —repitió Miguel Ardán.

—¿O reposamos tranquilamente sobre la tierra de la Florida? —le preguntó Nicholl.

—¿O en el fondo del golfo de Méjico? —añadió Miguel Ardán.

—¡Qué ocurrencia! —exclamó el presidente Barbicane.

Y aquella doble opinión de sus compañeros le devolvió inmediatamente el sentido.

Como quiera que sea, no podían afirmar nada acerca de la situación del proyectil; su aparente inmovilidad, la falta de comunicación con el exterior, no permitían resolver la dificultad. Tal vez el proyectil desarrollaba su trayectoria por el espacio; acaso, después de una corta ascensión, hubiera vuelto a caer en tierra o en el golfo de Méjico, lo cual no era imposible dada la poca anchura de la península de la Florida.

El caso era grave y el problema interesante; y urgía resolverlo. Barbicane, sobreexcitado y venciendo con la energía moral la debilidad física, se levantó y escuchó; nada se oía por fuera. Pero el grueso tapiz que por dentro cubría las paredes bastaba para interceptar todos los ruidos terrestres. No obstante, una circunstancia sorprendió a Barbicane. La temperatura del interior del proyectil se había elevado notablemente; el presidente sacó de su estuche un termómetro y lo consultó; el preciso instrumento marcaba cuarenta y cinco grados centígrados.

—¡Oh —exclamó—, entonces marchamos! ¡Ya lo creo! Este calor sofocante que atraviesa las paredes del proyectil es producido por su rozamiento con las capas atmosféricas. Pero pronto disminuirá, porque ya flotamos en el vacío, y después de haber estado a punto de ahogarnos vamos a sufrir intensos fríos.

—Pues ¿qué? —preguntó Miguel Ardán—. ¿Supones que debemos encontrarnos ya fuera de los límites de la atmósfera terrestre?

—Sin duda alguna, querido Miguel, escucha: son las diez y cincuenta y cinco minutos; hace aproximadamente ocho minutos que hemos partido. Ahora bien, si nuestra velocidad inicial no hubiera disminuido por efecto del rozamiento, nos habrían alcanzado seis segundos para atravesar las dieciséis leguas de atmósfera que rodean el esferoide.

—Muy bien —respondió Nicholl—, pero ¿en qué proporción calculáis que ha disminuido esa velocidad por efecto del rozamiento?

—En la proporción de un tercio —respondió Barbicane—, que es una gran disminución, pero exacta, según mis cálculos. Así, pues, si hemos tenido una velocidad inicial de once mil metros al salir de la atmósfera, esa velocidad ha de haberse reducido a siete mil trescientos treinta y dos metros. Pero sea como quiera, hemos atravesado ya ese espacio…

—Y en ese caso —dijo Miguel Ardán—, el amigo Nicholl ha perdido sus dos apuestas: cuatro mil dólares por no haberse reventado el columbiad; y cinco mil porque el proyectil se ha elevado a una altura superior a seis millas; conque, paga, Nicholl.

—Demostremos primero —replicó el capitán— y luego pagaremos; es muy posible que sean exactos los razonamientos de Barbicane y que yo haya perdido mis nueve mil dólares; pero se me ocurre una nueva hipótesis que anulará la apuesta.

—¿Qué hipótesis? —preguntó vivamente Barbicane.

—La de que, por una causa cualquiera, no haya ardido la pólvora y no hayamos partido.

—¡Par Dios, amigo mío —exclamó Miguel Ardán—, vaya una hipótesis digna de haber nacido en tu cerebro! ¡No puedes decir eso formalmente! ¿Pues no hemos sido casi aplastados por la sacudida? ¿No te he hecho yo recobrar el conocimiento? ¿No está ahí patente la herida del hombro del presidente por el golpe que ha sufrido?

—Es verdad, Miguel —replicó Nicholl—; pero se me permitirá hacer una pregunta.

—¡Venga!

—¿Has oído la detonación, que sin duda alguna habrá sido formidable?

—No —respondió Miguel Ardán, sorprendido—; verdad es que no he oído la detonación.

—¿Y vos, Barbicane?

—Tampoco.

—¿Y entonces? —dijo Nicholl.

—Es verdad —murmuró el presidente—, ¿por qué no hemos oído la detonación?

Los tres amigos se miraron, algo desconcertados, porque se presentaba un fenómeno inexplicable. El proyectil había partido, luego la detonación debía de haber sonado.

—Sepamos primero dónde estamos —dijo Barbicane— y abramos las escotillas.

Al punto se efectuó esa operación, sumamente sencilla. Las tuercas que sujetaban los pasadores sobre las planchas externas de la derecha cedieron la presión de una llave inglesa. Los pasadores fueron empujados hacia fuera y los agujeros que les daban paso fueron tapados con obturadores forrados de caucho. Inmediatamente la placa exterior giró sobre su charnela como una ventanilla y apareció el cristal lenticular que cerraba la lumbrera. En la parte opuesta del proyectil había otra lumbrera idéntica y otras dos más en el vértice y en el fondo, con lo cual se podía observar en cuatro direcciones distintas el firmamento por los cristales laterales y más directamente la Tierra y la Luna por las aberturas superior e inferior.

Barbicane y sus compañeros corrieron al instante hacia el cristal descubierto, por el cual no penetraba el más leve rayo luminoso. Una profunda oscuridad reinaba en torno del proyectil; la cual no impedía que el presidente Barbicane gritara:

—¡No, queridos amigos, no hemos caído a la Tierra; no nos hemos sumergido en el golfo de Méjico! Continuamos remontándonos en el espacio. Mirad esas estrellas que brillan en las sombras de la noche y esa impenetrable oscuridad que se extiende entre la Tierra y nosotros.

—¡Hurra! ¡Hurra! —exclamaron todos.

En efecto, aquellas espesas tinieblas probaban que el proyectil había dejado la tierra porque de no ser así los viajeros hubieran visto el suelo iluminado por la Luna. Aquella oscuridad mostraba igualmente que el proyectil había pasado de la última capa atmosférica; de lo contrario la luz difusa esparcida en el aire se habría reflejado en las paredes metálicas de aquél y sería visible por el cristal de la lumbrera. No había dudas, pues; los viajeros habían dejado la Tierra.

—He perdido —dijo Nicholl.

—Y te doy por ello la enhorabuena —respondió Ardán.

—Ahí están los nueve mil dólares —añadió el capitán, sacando un fajo de gruesos billetes.

—¿Queréis recibo? —preguntó Barbicane, tomando el dinero.

—Si no os genera molestia —respondió Nicholl—, siempre es una formalidad.

Y con el ademán más serio y flemático, ni más ni menos que si se encontrara ante su caja, el presidente Barbicane sacó la cartera, arrancó una hoja, extendió con el lápiz un recibo en toda regla, lo fechó y firmó y se lo entregó al capitán, quien, a su vez, se lo guardó cuidadosamente en la cartera.

Miguel Ardán se quitó la gorra y se inclinó, sin decir una palabra, ante sus compañeros. Tantas formalidades en aquellas circunstancias le dejaban mudo de admiración; jamás había visto nada tan americano.

Terminada la operación, Barbicane y Nicholl volvieron a colocarse junto al cristal y a mirar las constelaciones. Las estrellas descollaban como puntos brillantes sobre el fondo negro del cielo. Pero por aquella parte no se veía el astro de la noche, que se elevaba hacia el cenit. Así que su ausencia provocó una reflexión de Ardán.

—¿Y la Luna? —dijo—. ¿Se atrevería a faltar a nuestra cita?

—Pierde cuidado —respondió Barbicane—. Nuestro futuro esferoide se encuentra en su puesto; pero no lo podemos ver por este lado; vamos a abrir la lumbrera opuesta.

Al ir Barbicane a separarse del cristal para abrir la lumbrera del otro lado, le llamó la atención un objeto brillante.

Era un disco enorme cuyas colosales dimensiones no podían apreciarse bien. La parte que miraba a la Tierra se encontraba vivamente iluminada; una Luna pequeña que reflejaba la de la Luna grande. Se adelantaba con prodigiosa velocidad y parecía describir alrededor de la Tierra una órbita que cortaba la trayectoria del proyectil. A su movimiento de traslación se agregaba otro de rotación sobre sí mismo, pareciéndose en esto a todos los cuerpos celestes abandonados en el espacio.

—¡Oh! —exclamó Miguel Ardán—, ¿qué es eso? ¿Otro proyectil?

No respondió Barbicane; pero le inquietaba la aparición de aquel enorme cuerpo; porque era posible un encuentro con él y los resultados serían funestos, ya porque el proyectil sufriera una desviación, ya porque un choque, rompiendo su impulso, le precipitase de nuevo hacia la Tierra; ya, en fin, porque se viera arrastrado irresistiblemente por la potencia atractiva de aquel esferoide.

El presidente Barbicane había calculado rápidamente las consecuencias de las tres hipótesis, que de una o de otra manera harían fracasar su tentativa. Sus compañeros, sin decir palabra, contemplaban el espacio. El objeto aumentaba prodigiosamente de volumen, a medida que se acercaba, y, por efecto de una ilusión de óptica, parecía que el proyectil iba a su encuentro.

Se echaron instintivamente atrás los viajeros, y su espanto fue grande, pero duró sólo unos segundos. El esferoide pasó a unos centenares de metros del proyectil y desapareció, no tanto por la rapidez de su carrera como porque la cara opuesta de la Luna, y que, por consiguiente, estaba en la sombra, se confundió con la oscuridad del espacio.

—¡Buen viaje! —exclamó Miguel Ardán, exhalando un suspiro de satisfacción—. ¡Vaya por Dios! ¿Conque es decir que el infinito no es bastante grande para que una miserable bala de cañón pueda pasearse por él a sus anchas? ¿Y quién es ese globo presuntuoso que ha estado a punto de darnos un empujón?

—Yo lo sé —respondió Barbicane.

—¡Naturalmente! Tú lo sabes todo.

—Es un simple bólido —dijo Barbicane—; pero un bólido enorme, que la atracción de la Tierra ha mantenido en estado de satélite.

—¡Es posible! —exclamó Miguel Ardán—. ¿De modo que la Tierra tiene dos Lunas, como Neptuno?

—Sí, amigo mío, dos Lunas, aun cuando generalmente se cree que no tiene más que una. Pero esta otra Luna es tan pequeña, y su velocidad tan grande, que los habitantes de la Tierra no pueden distinguirla. Sólo teniendo en cuenta ciertas perturbaciones ha podido un astrónomo francés, el señor Petit, determinar la existencia de este segundo satélite y calcular sus elementos. Según sus observaciones, este bólido hace su revolución alrededor de la Tierra en tres horas y veinte minutos, lo cual supone una velocidad extraordinaria.

—¿Admiten todos los astrónomos la existencia de este satélite? —pregunto Nicholl.

—No —respondió Barbicane—; pero si se hubieran encontrado con él, cómo nosotros, no podrían dudar.

—Después de todo creo que ese bólido, que nos pudiera haber hecho un flaco servicio, nos permite fijar nuestra situación en el espacio.

—¿Cómo? —preguntó Ardán.

—Porque su distancia es conocida y en el punto en que lo hemos encontrado, nos situamos exactamente a ocho mil ciento cuarenta kilómetros de la superficie del globo terrestre.

—¡Más de dos mil leguas! —exclamó Miguel Ardán—. ¡Qué atrás deja esto a todos los trenes especiales de ese pobre globo que se llama Tierra!

—Ya lo creo —respondió Nicholl, consultando su cronómetro—; son las once, y no hace por lo tanto más que trece minutos que hemos salido del continente americano.

—¿Trece minutos? —preguntó Barbicane.

—Sí —respondió Nicholl—, y si nuestra velocidad inicial de once kilómetros fuera constante, andaríamos cerca de diez mil leguas por hora.

—Todo esto está muy bien, amigos míos —dijo el presidente—; pero siempre sigue en pie una cuestión: ¿por qué no hemos oído la detonación del columbiad?

No encontrando respuesta que dar, la conversación se detuvo, y mientras reflexionaba, Barbicane se encargó de levantar la tapa de la segunda lumbrera lateral. Su operación se efectuó felizmente, y a través del cristal descubierto penetraron los rayos de la Luna en el interior del proyectil.

Nicholl, como hombre económico, apagó el gas, que era enteramente inútil y cuyo resplandor estorbaba para observar los espacios interplanetarios.

A la sazón el disco lunar brillaba en toda su pureza. Sus rayos, no enturbiados por la vaporosa atmósfera de nuestro Globo, atravesaban el cristal y colmaban el interior del proyectil con sus plateados reflejos. La negra cortina del firmamento duplicaba el brillo de la Luna, la cual, en aquel vacío de éter, impropio para la difusión, no eclipsaba a las estrellas vecinas. El cielo, visto de aquel modo, presentaba un aspecto enteramente nuevo, que los ojos humanos no podían imaginar.

Infructuoso es decir el interés con que los audaces viajeros contemplarían el astro de la noche, término presunto de su viaje. El satélite de la Tierra, en su movimiento de traslación, se acercaba insensiblemente al cenit, punto matemático a donde debían llegar unas ochenta y seis horas después. Sus montañas, sus llanuras, toda su superficie se presentaba lo mismo que si se observase desde un punto cualquiera de la Tierra; pero su luz se desarrollaba en el vacío con una gran intensidad.

El disco resplandecía como un espejo de platino. Los viajeros se habían olvidado ya de la Tierra, que tenían a sus pies.

El capitán Nicholl fue el primero que llamó la atención sobre el Globo abandonado.

—¡Es verdad! —respondió Miguel Ardán—, no seamos ingratos con él; puesto que dejamos nuestro país, que sean para él nuestras postreras miradas. Quiero ver la Tierra antes que se eclipse enteramente a mi vista.

Barbicane, para satisfacer los deseos de su compañero, se cuidó de descubrir la ventana del fondo del proyectil por donde se podía observar directamente la Tierra; no sin esfuerzo se logró desmontar el disco que la fuerza de proyección había hundido en el fondo.

Sus fragmentos colocados cuidadosamente junto a las paredes, podían volver a servir en caso necesario. Entonces apareció una abertura circular de cincuenta centímetros de ancho, practicada en la parte inferior del proyectil, y cerrada por un cristal de quince centímetros de espesor reforzado con una armadura de cobre. Por una placa de aluminio sujeta con pasadores la parte exterior se abría, como en las demás, a tornillo, los cuales se soltaron y descubrieron el cristal.

Miguel Ardán se arrodilló sobre el cristal, que aparecía oscuro como si fuera opaco.

—¡Hombre! —exclamó—. Pues, ¿y la Tierra?

—¡La Tierra! —dijo Barbicane—. Allí está.

—¡Cómo! —dijo Ardán—. ¿Aquella línea tan delgada en forma de media luna?

—La misma, Miguel. Dentro de cuatro días, cuando la Luna esté llena, que será en el momento de llegar nosotros, la Tierra estará nueva, o sea, en el primer día del primer cuarto. Hoy ya no la vemos sino bajo la forma de ese delgado segmento que no tardará en desaparecer, y entonces quedará en sombra unos cuantos días, ni más ni menos que la Luna desde la Tierra.

—¡Eso es la Tierra! —repetía Miguel Ardán, mirando ávidamente aquel delgado trozo de su planeta natal.

La explicación dada por el presidente Barbicane era exacta; la Tierra, con relación al proyectil, entraba en la última fase. Se encontraba en su octante, y no mostraba más que una delgada media luna, que sobresalía como un inmenso arco de luz azulada sobre el fondo negro del firmamento. En él se distinguían algunos puntos de luz más viva que indicaban las montañas, así como algunas manchas móviles producidas por los anillos de nubes que rodeaban el esferoide terrestre, manchas que nunca se ven en el disco lunar.

Pero por un fenómeno natural idéntico al que se produce en la Luna cuando se encuentra en sus octantes, se percibía todo el contorno del globo terrestre. Su disco entero se distinguía bastante visiblemente por un efecto de luz cenicienta menos perceptible que la luz cenicienta de la Luna, y la razón de esta menor intensidad es fácil de comprender. Cuando este reflejo se produce en la Luna es debido a los rayos solares que la Tierra refleja sobre su satélite; mientras aquí, por un efecto inverso, era debido a los rayos solares reflejados en la Luna hacia la Tierra. Ahora bien, la luz terrestre es unas trece veces más intensa que la luz lunar, la cual depende de la diferencia de volumen de ambos cuerpos. De aquí la consecuencia de que en el fenómeno de la luz cenicienta, la parte oscura del disco de la Tierra se dibuje con menos claridad que la del disco de la Luna, puesto que la intensidad del fenómeno, es proporcional a la potencia luminosa de los dos astros. Hay que agregar que el astro luminoso terrestre parecía formar una curva más prolongada que la del disco; puro efecto de la irradiación.

Mientras se esforzaban los viajeros en penetrar las profundas tinieblas del espacio, apareció a su vista un haz de estrellas fugaces. Centenares de bólidos, inflamados al contacto de la atmósfera, trazaron líneas luminosas en la sombra, surcando con su luz la parte cenicienta del disco terrestre. En aquel momento la Tierra estaba en su perihelio, y el mes de diciembre es tan favorable a la aparición de estrellas fugaces que algunos astrónomos han contado en él hasta veinticuatro mil por hora. Pero Miguel Ardán, desdeñando los razonamientos científicos, se empeñó en creer que la Tierra saludaba con fuegos artificiales la partida de tres de sus hijos.

Esto era en suma cuanto veían de este esferoide perdido en las tinieblas; astro inferior del mundo solar, que para los demás planetas sale o se pone como una insignificante estrella matutina o vespertina. Aquel globo en que dejaban todos sus efectos no era más que un arco de círculo fugitivo, un punto imperceptible en el espacio.

Los tres amigos siguieron largo rato mirando, sin despegar los labios; pero con el mismo pensamiento, mientras el proyectil se alejaba con una velocidad uniformemente decreciente. Poco a Poco se apoderó de sus cerebros una somnolencia invencible; reacción inevitable después de la sobreexcitación de las últimas horas pasadas en la Tierra.

—Vaya —dijo Miguel—, puesto que el sueño es necesario, vamos a dormir.

Y tendiéndose en sus camillas no tardaron los tres en quedarse profundamente dormidos. Pero apenas habría trancurrido un cuarto de hora cuando Barbicane se enderezó de improviso y despertó a sus compañeros, gritando con voz estrepitosa:

—¡Ya lo sé!

—¿Qué sabes? —preguntó Miguel Ardán, saltando de la cama.

—El motivo de que no hayamos oído la detonación del columbiad.

—¿Y cuál es? —dijo Nicholl.

—Que nuestro proyectil caminaba más aprisa que el sonido.

Capítulo III:
Instalación

Después de tan curiosa y exacta explicación, los tres amigos volvieron a dormir profundamente. ¿En qué lugar podían encontrar dormitorio más tranquilo y sosegado? En la Tierra, en las casas de las ciudades, como en las cabañas de los campos, sienten necesariamente todas las sacudidas que sufre la corteza del Globo. En el mar, el buque mecido por las olas se encuentra en continuo choque y movimiento. En el aire, el globo aerostático oscila sin cesar sobre capas elásticas de diferentes densidades. Sólo aquel proyectil flotando en el vacío absoluto, en medio de un absoluto silencio, podía ofrecer reposo a sus huéspedes.

Por lo tanto, el sueño de los viajeros se hubiera prolongado indefinidamente, de no despertarles un ruido inesperado a eso de las siete de la mañana del día 2.

Aquel ruido era un ladrido perfectamente claro.

—¡Los perros! ¡Son los perros! —exclamó Miguel Ardán, incorporándose al punto.

—Tienen hambre —dijo Nicholl.

—¡Naturalmente! —respondió Miguel—. Nos habíamos olvidado de ellos.

—¿Dónde están? —preguntó Barbicane.

Los buscaron y encontraron al uno escondido bajo el diván. Espantado y anonadado por el choque inicial, había permanecido en aquel escondrijo hasta que recobró la voz y el hambre.

Era la pobre Diana, bastante acobardada aún y que salía de su escondite, no sin hacerse rogar a pesar de que Miguel Ardán la animaba con sus caricias.

—Ven, Diana —le decía—, ven, hija mía; tú, cuyos destinos formarán época en los anales cinegéticos; tú, a quien los paganos hubieran hecho compañero del dios Anubis y los cristianos de San Roque; tú, que eres digna de ser vaciada en bronce por el rey de los infiernos, como aquel faldero que Júpiter regaló a la bella Europa a cambio de un beso; tú, que has de eclipsar la celebridad de los héroes de Montargis y del monte de San Bernardo; tú, que al lanzarte por los espacios interplanetarios vas tal vez a ser la Eva de los perros selenitas, tú, que justificarás ese pensamiento elevado de Toussenel: «En el principio creó Dios al hombre, y al verle débil, le dio el perro». ¡Ven acá, Diana, ven!

Diana, contenta o no, se acercó poco a poco, con quejidos lastimeros.

—Bueno —dijo Barbicane—, ya veo a Eva, pero ¿dónde está Adán?

—¡Adán! —respondió Miguel Ardán—. No debe de estar lejos, ahí estará, en cualquier parte; le llamaremos. ¡Satélite! ¡Toma, Satélite!

Pero Satélite no aparecía, y Diana continuaba quejándose. Sin embargo, vieron que no estaba herida y le sirvieron una torta apetitosa que puso fin sus ayes.

Satélite parecía perdido, y fue necesario buscarlo largo rato, hasta que se le encontró en uno de los compartimentos superiores del proyectil, a donde había sido lanzado por el choque. El pobre animal se encontraba en un estado lastimoso.

—¡Diablos! —dijo Miguel—; ya está comprometida nuestra acomodamiento.

Bajaron con cuidado al infeliz perro, que se había roto la cabeza contra la bóveda, y que parecía difícil que pudiera curarse. No obstante, le tendieron con cuidado sobre un almohadón y allí exhaló un suspiro.

—Nosotros te cuidaremos —dijo Miguel—. Somos responsables de tu existencia; más quisiera yo perder un brazo mío que una pata de mi pobre Satélite.

Y al punto dio un trago de agua al herido, que la bebió con avidez.

Después los viajeros observaron atentamente la Tierra y la Luna. La Tierra no aparecía ya sino como un disco ceniciento que terminaba en un arco luminoso más estrecho que la víspera; pero su volumen era todavía enorme, contrastado con el de la Luna, que se acercaba cada vez más a un círculo perfecto.

—¡Caramba! —dijo entonces Miguel Ardán—, siento no haber partido en el momento de haber Luna llena, es decir, cuando nuestro Globo se encontrase en posición con el Sol.

—¿Por qué? —preguntó Nicholl.

—Porque hubiésemos visto bajo un aspecto nuevo nuestros continentes y nuestros mares, éstos resplandecientes bajo la proyección de los rayos solares; aquéllos más sombríos y como se ven reproducidos en algunos mapas. Me gustaría haber visto esos polos de la Tierra a donde no ha alcanzado la mirada del hombre.

—Por supuesto —respondió Barbicane—; pero habiendo Tierra llena, habría Luna nueva, es decir, invisible en medio de la luz del Sol. Y más necesitábamos ver el punto de llegada que el de partida.

—Tenéis razón, Barbicane —respondió el capitán Nicholl—, y además, cuando hayamos llegado a la Luna tendremos tiempo, durante sus largas noches, de contemplar a nuestro gusto ese Globo en que hormiguean nuestros semejantes.

—¡Nuestros semejantes! —exclamó Miguel Ardán—; lo que es ahora ya no son tan semejantes nuestros como los de la Luna. Nosotros habitamos un mundo poblado por nosotros solos: el proyectil. Yo soy semejante a Barbicane, y Barbicane lo es de Nicholl. Más allá de nosotros, fuera de nosotros, concluye la Humanidad, y nosotros somos las únicas poblaciones de este macrocosmos, hasta el momento en que nos convirtamos en simples selenitas.

—Que será dentro de ochenta y ocho horas, poco más o menos —replicó el capitán.

—¿Lo cual quiere decir…? —preguntó Miguel Ardán.

—Que son las ocho y media —respondió Nicholl.

—Pues bien —replicó Miguel—, no comprendo por qué razón no hemos de almorzar en seguida. Es preciso conservarnos.

En efecto, los habitantes de aquel nuevo astro no podían vivir en él sin comer y su estómago sufría las imperiosas leyes del hambre. Miguel Ardán como francés se erigió en jefe de la cocina, cargo importante que no le suscitó competencia. El gas produjo el calor suficiente para las operaciones culinarias, y el arca de las provisiones ofreció los elementos del festín.

Empezó la comida por tres tazas de excelente caldo, que se preparó disolviendo en agua caliente unas cuantas de las exquisitas pastillas de Liebig, preparadas con los mejores trozos de los rumiantes de las Pampas. Al caldo de vaca sobrevinieron algunos pedazos de bistec comprimidos en la prensa hidráulica, tan tiernos, tan suculentos como si salieran de las cocinas del «Café Inglés». Miguel, que era hombre de imaginación, aseguró que echaban sangre.

Diversas legumbres en conserva y «más frescas que en su tiempo», según afirmaba también Miguel, siguieron al plato de carne, y terminó la comida con té y tostadas de manteca a la americana. El té, que pareció exquisito, era de primera y regalo del emperador de Rusia, que había enviado unas cuantas cajas a los viajeros.

Por último, Ardán descorchó una botella de «Nuits», que por casualidad había en el departamento de las provisiones, y los tres amigos bebieron brindando por la unión de la Tierra y su satélite.

Y cual si no bastase la compañía de aquel excelente vino que había sido destilado en las laderas de Borgoña, el Sol quiso honrar también el festín con su presencia. El proyectil salía, en aquel momento, del cono de sombra proyectado por el globo terrestre y los rayos del astro brillante fueron a dar directamente en el disco inferior del proyectil.

—¡El Sol! —exclamó Miguel Ardán.

—Sin duda —respondió Barbicane—; ya lo esperaba.

—Sin embargo —dijo Miguel—, ¿el cono de sombra que la Tierra proyectaba en el espacio no se extiende más allá de la Luna?

—Sí, mucho más allá, si no se tiene en cuenta la refracción atmosférica —dijo Barbicane—; pero cuando la Luna está envuelta en esta sombra es porque los centros de los tres astros: Sol, Tierra y Luna, están en línea recta. Entonces los nodos coinciden con las fases de la luna llena, y se verifica el eclipse. Si hubiéramos salido en el momento de un eclipse la Luna, toda nuestra travesía se hubiera verificado en la sombra, lo cual hubiera sido cosa desagradable.

—¿Por qué?

—Porque aun cuando flotemos en el vacío, nuestro proyectil, cubiertos por los rayos solares, recogerá su luz y su calor, lo cual, entre otras cosas, nos proporcionará economía de gas que es de gran importancia.

En efecto, bajo la influencia de aquellos rayos, cuya temperatura y cuyo brillo no templaba ninguna atmósfera, el proyectil se iluminaba y recibía su calor, como si huera pasado súbitamente del invierno al verano. La Luna por un lado, el Sol, por otro, lo inundaban con sus resplandores.

—¡Qué bien se está aquí! —dijo Nicholl.

—¡Ya lo creo! —exclamó Miguel Ardán—. Con un poco de tierra vegetal extendida sobre nuestro planeta de aluminio, haríamos nacer guisantes en veinticuatro horas. Sólo temo una cosa, y es que lleguen a entrar en fusión las paredes del proyectil.

—No tengas cuidado, amigo mío —respondió Barbicane—. El proyectil ha sufrido una temperatura mucho más elevada, mientras atravesaba las capas atmosféricas. Nada me extrañaría que haya parecido un bólido candente a los espectadores de la Florida.

—¡Entonces J. T. Maston debe de creernos asados!

—Lo que me choca —respondió Barbicane— es que no lo hayamos sido. Es un peligro que no habíamos previsto.

—Yo si lo temía —respondió simplemente Nicholl.

—¡Y nada nos había dicho, sublime capitán! —dijo Miguel Ardán, estrechando la mano de su compañero.

Barbicane, entretanto, se entretenía en arreglar el interior del proyectil, como si nunca debiera salir de él. Se recordará que aquel vagón aéreo presentaba en su base una superficie de cincuenta y cuatro pies cuadrados. Tenía dos pies de altura hasta el vértice de su bóveda, se encontraba distribuido hábilmente en todo su interior y los instrumentos y utensilios de viaje perfectamente acomodados cada uno en su sitio especial, de manera que los tres viajeros podían moverse allí dentro con perfecto desahogo. El grueso cristal fijo en una parte del fondo podía sostener, sin peligro, un gran peso. Así Barbicane y sus compañeros andaban sobre él como sobre un suelo sólido. A todo esto, el Sol, que lo atacaba con sus rayos directos, iluminando por bajo el interior, producía efectos de luz muy singulares.

Comenzaron por examinar el depósito de agua y la caja de los víveres.

Estos dos recipientes se encontraban en buenas condiciones, sin haber sufrido desperfecto alguno, merced a las disposiciones tomadas para amortiguar el choque. Los víveres eran abundantes y podrían alimentar a los viajeros durante todo un año. Barbicane había querido precaverse para el caso de que el proyectil llega a un punto de la Luna completamente estéril. En cuanto al y a la provisión de aguardiente, que llegaba a cincuenta galones, había sólo para dos meses. Pero a juzgar por las últimas observaciones de los astrónomos, la Luna conservaba una atmósfera baja, densa, pesada, a lo menos en los valles profundos, y allí no podía menos de haber arroyos y manantiales. Así, pues, ni en la travesía ni en el primer año de su permanencia en el continente lunar debían sufrir hambre ni sed los atrevidos exploradores.

Quedaba la cuestión del aire en el interior del proyectil; pero también estaba solucionada. El aparato de Reiset y Regnault, reservado a producir oxígeno, era alimentado por clorato de potasa y había para dos meses. Es verdad que consumía necesariamente cierta cantidad de gas, porque debía mantener a más de cuatrocientos grados la materia productiva; pero tampoco había nada que temer en este punto. Por lo demás el aparato no exigía sino un poco de vigilancia, porque funcionaba automáticamente. A aquella elevada temperatura el clorato de potasa se transformaba en cloruro potásico y abandonaba todo su oxígeno; y descomponiendo dieciocho libras de clorato de potasa se obtendrían las siete libras de oxígeno necesarias para el consumo diario de los viajeros del proyectil.

Más no bastaba renovar el oxígeno gastado; era también necesario absorber el ácido carbónico producido por la respiración. En efecto, al cabo de doce horas la atmósfera del proyectil se había cargado de este gas deletéreo, producto de la combustión de los elementos de la sangre por el oxígeno aspirado. Nicholl conoció aquel estado del aire al ver a Diana respirar fatigosa, y era, efectivamente, porque el ácido carbónico, a causa de su gravedad específica, se iba acumulando en el fondo del proyectil, como en la famosa Gruta del Perro, en Nápoles. La pobre perra, con la cabeza baja, sufría ya la influencia perniciosa de aquel gas; pero el capitán Nicholl se aligeró a remediar el mal, disponiendo en el fondo del proyectil varios recipientes que contenían potasa cáustica, sustancia que, por ser muy ávida de ácido carbónico, lo absorbió en poco tiempo y purificó el aire.

Se procedió luego al inventario de los instrumentos. Los termómetros y barómetros habían resistido, salvo un termómetro de mínimas, que se había roto. Un excelente aneroide, que iba dentro de un estuche almohadillado, fue colgado en la pared; como es fácil de comprender, no sufría ni marcaba más que la presión de aire contenido en el proyectil. Pero indicaba también la cantidad de vapor de agua que encerraba. En aquel momento oscilaba su aguja entre 730 y 760 milímetros, lo cual significaba «buen tiempo».

También disponía Barbicane de varias brújulas que seguían intactas y que no marcaban dirección alguna, porque a la distancia en que el proyectil se encontraba de la Tierra el polo magnético no podía ejercer acción sensible en el aparato. Pero aquellas brújulas, transportadas al disco lunar, tal vez revelarían allí fenómenos particulares; y como quiera que fuese era de gran interés averiguar si el satélite de la Tierra se encontraba, como ésta sujeto a la influencia magnética.

Se examinó igualmente el estado en que se encontraban un hipsómetro para medir la altura de las montañas lunares, un sextante destinado a tomar la altura del Sol, un teodolito, instrumento de geodesia que sirve para levantar planos y reducir los ángulos en el horizonte, y varios anteojos de grandísima utilidad para cuando se encontrasen cerca de la Luna. Todos estos instrumentos estaban intactos a pesar de la violencia de la sacudida inicial.

En cuanto a los utensilios: picos, azadones y útiles de que Nicholl había hecho selecta provisión, los sacos de semillas variadas y los arbustos que Miguel Ardán pensaba trasplantar a las tierras selenitas, continuaban en sus puestos respectivos, en la parte alta del proyectil. Allí había una especie de desván lleno de objetos que el pródigo francés había amontonado y que no se sabía a punto fijo cuáles fueran. De cuando en cuando se encaramaba hasta allí, asiéndose a los ganchos fijos en las paredes; volvía y revolvía, arreglaba y registraba, tarareando en falsete alguna canción francesa que divertía a la reunión.

Barbicane comprobó minuciosamente que sus cohetes y demás artificios no habían sufrido desperfectos. Aquellas importantes piezas, fuertemente cargadas, debían servir para retardar la caída del proyectil cuando, arrebatado por la atracción lunar, después de pasar al punto de equilibrio, fuera a caer sobre la superficie del satélite. Esta caída, por lo demás, debía ser seis veces menos rápida que lo hubiera sido sobre la superficie de la Tierra, debido a la diferencia de masa en ambos astros.

La inspección se terminó, pues, a satisfacción de todos; y cada cual volvió luego a observar el espacio por las ventanas laterales y a través del cristal inferior.

El espectáculo seguía siendo el mismo: toda la extensión de la esfera terrestre estaba cuajada de estrellas y constelaciones de un brillo maravilloso que hubiera vuelto loco de júbilo a un astrónomo. Por un lado el Sol, como la boca de un horno encendido, presentaba un disco deslumbrador sin aureola y sobresaliendo en el fondo negro del cielo. Por el otro la Luna le enviaba sus rayos reflejados, y aparecía como inmóvil en medio del mundo estelar. Después, una mancha bastante oscura que parecía un agujero hecho en el firmamento, y que se encontraba rodeada de un semicírculo plateado, mostraba el emplazamiento de la Tierra. Aquí y allí se veían nebulosas amontonadas como copos de nieve sideral, y del cenit al nadir se extendía como un inmenso anillo de la Vía Láctea, en medio de la cual el Sol no figura sino como estrella de cuarta magnitud.

Los observadores no podían apartar las miradas de aquel espectáculo tan nuevo e imposible de describir. ¡Qué de reflexiones les sugirió! ¡Cuántas emociones desconocidas despertó en su alma! Barbicane quiso comenzar la relación de su viaje bajo el efecto de aquellas impresiones, y registró hora por hora todos los hechos que marcaban el principio de su empresa, escribiendo tranquilamente con letra grande y estilo un poco comercial.

Mientras tanto, el calculador Nicholl revisaba sus fórmulas de trayecto y manejaba las cifras con sin igual destreza. Miguel Ardán charlaba, ora con Barbicane, que apenas respondía, ora con Nicholl, que ni siquiera le oía, o con Diana que no entendía sus proyectos, y por fin consigo mismo, preguntándose y respondiéndose, yendo, viniendo, ocupándose en mil menudencias, ya inclinado sobre el cristal del fondo, ya encaramado en alto del proyectil, y siempre canturreando entre dientes. En una palabra, representaba detrás de aquel macrocosmos la agitación y la locuacidad francesas, y las representaba Miquel Ardán dignamente.

El día, más propiamente dicho, el transcurso de doce horas que constituye el día en la Tierra, terminó con una cena abundante y delicada. No había ocurrido ningún incidente capaz de alterar la confianza de los viajeros, los cuales, llenos de esperanza y seguros del éxito, se durmieron tranquilamente, mientras el proyectil cruzaba los espacios celestes a una velocidad uniformemente decreciente.

Capítulo IV:
Un poco de álgebra

Transcurrió la noche sin ningún incidente digno de mención, entendiendo siempre que la palabra noche es impropia, porque la posición del proyectil no variaba con relación al Sol, y astronómicamente, era dé día en la parte inferior del proyectil y de noche en la superior. Así, pues, en el presente relato estas dos palabras no expresan sino el tiempo transcurrido entre el orto y el ocaso del Sol en la Tierra.

Tanto más tranquilo fue el sueño de los viajeros cuanto que el proyectil, a pesar de su gran velocidad, parecía encontrarse enteramente inmóvil. Ningún movimiento revelaba su marcha a través del espacio. La traslación, por muy rápida que sea, no puede producir efecto sensible en el organismo, si se verifica en el vacío o si la masa de aire circula con el cuerpo arrastrado. ¿Qué habitante de la Tierra percibe su velocidad, que sin embargo le hace andar a razón de noventa mil kilómetros por hora? El movimiento en tales condiciones no se siente más que el reposo. Así todo cuerpo es indiferente a ellos; si se halla en reposo permanecerá en tal estado hasta que una fuerza externa le obligue a moverse, y si está en movimiento no se detendrá hasta que un obstáculo interrumpa su marcha. Esta indiferencia por el movimiento Y el reposo es la inercia.

Barbicane y sus compañeros podían creerse en reposo absoluto, encerrados en el proyectil, y el efecto hubiera sido el mismo aunque se encontraran en lo exterior. A no ser por la Luna, que aumentaba en volumen delante de ellos, y por la Tierra, que disminuía detrás, podían jurar que flotaban en la inmovilidad más completa.

Por la mañana del 3 de diciembre les despertó un ruido alegre, pero inesperado: era el canto de un gallo que resonó dentro del vagón. Miguel Ardán, que fue el primero en despertarse, subió hasta lo alto del proyectil, y cerrando una caja que estaba entreabierta, dijo en voz baja:

—¿Quieres callar? ¡Este animal va a hacer fracasar mis proyectos!

Entretanto, Nicholl y Barbicane se habían despertado también.

—¿Qué es eso? ¿Un gallo aquí? —se preguntó Nicholl.

—No, amigos míos —respondió Miguel—, soy yo que he querido despertarlos con ese canto campestre.

Y lanzó un sonoro quiquiriquí digno del más arrogante gallo.

Los dos americanos no pudieron menos de reír.

—Vaya una habilidad —dijo Nicholl, mirando a su compañero con aire perspicaz.

—Sí —respondió Miguel—, es una broma muy usual en mi país; allí se hace el gallo en las reuniones más distinguidas.

Y variando en seguida de conversación, añadió:

—¿Sabes, Barbicane, en qué he estado pensando toda la noche?

—No —respondió el presidente.

—En nuestros amigos de Cambridge; ya puedes haber observado que soy completamente ignorante en las cosas matemáticas, por lo cual me es imposible adivinar cómo vuestros sabios del observatorio han podido calcular la velocidad inicial que debería llevar el proyectil al salir del columbiad para dirigirse a la Luna.

—Querrás decir —replicó Barbicane— para llegar a ese punto en que se equilibran las atracciones terrestres y lunares porque desde ese punto situado aproximadamente a las nueve décimas del trayecto, el proyectil caerá por sí solo en la Luna simplemente en virtud de la gravedad.

—Enhorabuena —respondió Miguel—; pero, lo repito, ¿cómo se ha podido calcular la velocidad inicial?

—Nada más fácil —respondió Barbicane.

—¿Habrías podido tú hacer el cálculo? —preguntó Miguel Ardán.

—Seguramente; Nicholl y yo lo hubiéramos resuelto si la nota del observatorio no nos hubiera quitado ese trabajo.

—Pues bien, amigo Barbicane —respondió Miguel—, antes me hubiera mutilado la cabeza, empezando por los pies, que hacerme— resolver ese problema.

—Porque no sabes álgebra —replicó tranquilamente Barbicane.

—¡Ah! Así son ustedes, devoradores de "X", Siempre lo mismo; todo lo quieren componer con el álgebra.

—Perdóname, Miguel —replicó Barbicane—, ¿crees que se puede forjar sin martillo o labrar sin arado?

—No es fácil.

—Pues bien, el álgebra es una herramienta como el arado o el martillo, y una buena herramienta para el que sabe hacer uso de ella.

—¿De veras?

—¡Y tan de veras!

—¿Y podrías manejar esa herramienta en mi presencia?

—Si tienes interés en ello, no hay inconveniente.

—¿Y demostrarme cómo se ha calculado la velocidad inicial del vagón?

—Sí, amigo mío; teniendo en cuenta todos los elementos del problema, la distancia del centro de la Tierra al centro de la Luna, el radio de la Tierra y la masa de la Luna, puedo demostrar exactamente cuál ha debido de ser la velocidad inicial del proyectil, por medio de una simple fórmula.

—Veamos la fórmula.

—Ya lo verás, pero no te daré la curva trazada realmente por la bala entre la Luna y la Tierra atendiendo a su movimiento de traslación alrededor del Sol, sino que consideraré estos dos astros como inmóviles, lo cual nos basta.

—¿Y por qué?

—Porque sería buscar la solución de ese problema llamado «problema de los tres cuerpos» y que el cálculo integral no ha podido resolver todavía.

—¡Toma! —dijo Miguel, en su tono burlón—. ¿Conque es decir que las matemáticas no han dicho todavía su última palabra?

—Ciertamente que no —respondió Barbicane.

—¡Bueno! Acaso los selenitas hayan adelantado más que nosotros en el cálculo, integral. Y a propósito, ¿qué es el cálculo integral?

—Es lo inverso del cálculo diferencial —respondió seriamente Barbicane.

—Muchas gracias.

—En otros términos, es un cálculo por medio del cual se buscan las cantidades infinitas cuya diferencia se conoce.

—Vamos, eso ya es más claro —respondió Miguel con aire muy satisfecho.

—Y ahora —replicó Barbicane—, venga papel y lápiz y antes de media hora encontraré la fórmula perdida.

No había pasado media hora cuando Barbicane alzó la cabeza y enseñó a Miguel Ardán una cuartilla cubierta de signos algebraicos, en medio de los cuales sobresalía una fórmula general.

—¿Y qué significa eso? —preguntó Miguel.

—Significa —respondió Nicholl— que un medio de v elevado al cuadrado menos v subcero elevado al cuadrado es igual a rg multiplicado por rx menos 1, más m' partido por m multiplicado por r partido por d menos x menos r partido por dr.

—¿x sobre y montado sobre z y a caballo sobre p…? —exclamó Miguel Ardán soltando la carcajada—. ¿Y tú entiendes eso, capitán?

—No puede ser más claro.

—¡Ya lo creo! Es cosa que salta a la vista —replicó Miguel.

—¡Eterno guasón! —replicó Barbicane—. ¿No querías álgebra? ¡Pues ahora vas a tener álgebra hasta la coronilla!

—¡Prefiero, que me ahorquen!

—En efecto —respondió Nicholl, que examinaba la fórmula como inteligente; me parece perfectamente resuelto, Barbicane. Es la integral de las fuerzas vivas, y no dudo que nos dará el resultado apetecido.

—¡Pero yo quisiera comprender! —exclamó Miguel—. ¡Daría diez años de la vida de Nicholl por comprender!

—Escucha, pues —replicó Barbicane—. La mitad de v elevada al cuadrado menos v subcero elevado al cuadrado es la fórmula que nos da la semivariación de la fuerza viva.

—Bueno; y Nicholl, ¿sabe lo que eso significa?

—Sin duda —respondió el capitán—. Todos esos signos que te parecen cabalísticos forman, sin embargo, el lenguaje más claro y más lógico para quien sabe leerlo.

—¿Y tú pretendes, Nicholl —preguntó Miguel—, encontrar, por medio de esos jeroglíficos, más incomprensibles que los ibis egipcios, la velocidad inicial que se debía imprimir al proyectil?

—Indudablemente —respondió Nicholl—, y aun por medio de esta fórmula podría decirte siempre cuál es la velocidad en un punto cualquiera de su trayecto.

—¿Palabra de honor?

—Palabra de honor.

—Entonces eres tan sabio como nuestro presidente.

—No, Miguel; lo difícil es lo que ha hecho Barbicane; plantear una ecuación con todas las condiciones del problema. El resto no es más que un problema de aritmética y no exige más conocimientos que los de las cuatro reglas.

—¡Eso ya me gusta más! —respondió Miguel Ardán, que en toda su vida no había podido hacer una suma exacta y que definía esa regla diciendo: «Es un rompecabezas chino que permite obtener totales indefinidamente variados».

Por su parte, Barbicane aseguraba que Nicholl, fijándose en ello, habría obtenido también la fórmula.

—No lo sé —decía Nicholl—; porque cuanto más la estudio, mejor planteado me parece.

—Ahora escucha —dijo Barbicane a su ignorante compañero—, y te convencerás de que todas estas letras tienen una significación.

—Ya escucho —dijo Miguel, con aire resignado.

—d —dijo Barbicane— es la distancia del centro de la Tierra al centro de la Luna; porque hay que tomar los centros para calcular las atracciones.

—Comprendo.

—r es el radio de la Tierra.

—r, radio, corriente.

—m es la masa de la Tierra y m' la masa de la Luna; porque, en efecto, es preciso tomar en cuenta la masa de los cuerpos atrayentes supuesto que la atracción es proporcional a las masas.

—Entendido.

—g representa la gravedad, la velocidad que adquiere en un segundo cualquier cuerpo que cae a la superficie de la Tierra. ¿Está claro esto?

—¡Como el agua! —respondió Miguel.

—Ahora representa por la x la distancia variable que separa al proyectil del centro de la Tierra, y por la v la velocidad que lleva dicho proyectil a aquella distancia.

—Muy bien.

—Finalmente, la expresión v subcero que figura en la ecuación anterior es la velocidad que posee el proyectil al salir de la atmósfera.

—En efecto —dijo Nicholl—, en ese punto es donde hay que calcular la velocidad puesto que ya sabemos que la velocidad al partir vale una vez y media la velocidad al, salir de la atmósfera.

—¡Yo no comprendo! —dijo Miguel.

—Pues es muy sencillo —replicó Barbicane.

—No tanto como parece —se defendió Miguel.

—Eso quiere decir que cuando nuestro proyectil ha llegado al límite de la atmósfera terrestre ha perdido ya una tercera parte de su velocidad inicial.

—¿Tanto?

—Sí, amigo mío, nada más que por su rozamiento con las capas atmosféricas. Comprendes muy bien que cuanto más rápidamente marche, más resistencia encontrará en el aire.

—Eso lo admito —respondió Miguel— y lo comprendo, por más que tus v subcero y tus v elevadas al cuadrado me hagan en la cabeza el mismo efecto que los clavos en un saco.

—Primer resultado del álgebra —replicó Barbicane—. Y ahora, para concluir, vamos a plantear inmediatamente estas expresiones, es decir, vamos a numerar su valor.

—¡Gracias a Dios! —exclamó Miguel.

—De estas expresiones —dijo Barbicane—, unas son conocidas y otras hay que calcularlas.

—Yo me encargo de estas últimas —dijo Nicholl.

—Veamos —continuó Barbicane—; r es el radio terrestre que en la latitud de la Florida, donde partimos, es igual a seis millones trescientos setenta milímetros; d, es decir, la distancia del centro de la Tierra al centro de la Luna, vale cincuenta y seis radios terrestres, o sea…

Nicholl multiplicó rápidamente.

—O sea —dijo—, trescientos cincuenta y seis millones trescientos veinte metros, en el momento de encontrarse la Luna en su perigeo, es decir, a su menor distancia de la Tierra.

—Bien —dijo Barbicane—; ahora m' partido por m, es decir, la relación de la masa de la Luna a la de la Tierra es igual a un ochentaiunavo.

—Perfectamente.

—g, la gravedad es en la Florida de nueve metros y ochenta y un centímetros. De donde resulta gr igual…

—A sesenta y dos millones cuatrocientos veintiséis mil metros cuadrados —respondió Nicholl.

—¿Y ahora? —preguntó Miguel Ardán.

—Ahora que ya están en números las expresiones —respondió Barbicane—, voy a buscar la velocidad v subcero, es decir, la que debe tener el proyectil al salir de la atmósfera para llegar al punto de atracción igual con una velocidad nula. Puesto que en este instante la velocidad será nula, digo que igualará a cero, y que x, o sea la distancia a que se encuentra ese punto neutral, estará representada por las nueve décimas de d, es decir, la distancia que separa los dos centros.

—Tengo una idea vaga de que debe ser así —dijo Miguel.

—Tendremos, pues: x igual a nueve décimas de d, y v igual a cero, y la fórmula será…

Y escribió rápidamente.

Nicholl leyó con avidez.

—¡Eso es! ¡Eso es! —exclamó.

—¿Está claro? —preguntó Barbicane.

—¡Escrito en letras de fuego! —respondió Nicholl.

—¡Pobres hombres! —murmuraba Miguel.

—¿Has comprendido por fin? —le preguntó Barbicane.

—¡Que si he comprendido! —exclamó Miguel—. Lo que pasa es que se me va la cabeza.

—Pues significa —siguió Barbicane— que v subcero al cuadrado es igual a dos gr multiplicado por uno menos diez r partido por 9d menos un ochentaiunavo multiplicado por 10r partido por d menos r.

—Y ahora —dijo Nicholl—, para obtener la velocidad del proyectil al salir de la atmósfera, no hay más que calcular.

Y el capitán, como acostumbrado a toda clase de dificultades, se puso a hacer números con asombrosa rapidez. Barbicane le seguía con la vista mientras Miguel Ardán se apretaba las sienes con las manos para librarse de la jaqueca.

—¿Qué resultado? —preguntó Barbicane, después de unos cuantos minutos de silencio.

—Hecho el cálculo —respondió Nicholl—, resulta que v subcero, es decir, la velocidad del proyectil al salir de la atmósfera para llegar al punto de igual atracción, ha debido ser…

—¿Cuánto?

—Once mil cincuenta y un metros en el primer segundo.

—¿Cómo? —dijo Barbicane, dando un salto—. ¿Qué habéis dicho?

—Once mil cincuenta y un metros.

—¡Maldición! —exclamó el presidente haciendo un ademán alterado.

—¿Qué tienes? —preguntó Miguel Ardán, sorprendido.

—¿Qué tengo? Que si en este momento la velocidad había disminuido en una tercera parte por el rozamiento, la velocidad inicial debía de ser…

—Dieciséis mil quinientos setenta y seis metros —respondió Nicholl.

—Y el observatorio de Cambridge ha declarado que alcanzaban once mil metros en el punto de partida, y el proyectil ha partido sólo con esta velocidad recomendada.

—¿Y qué? —preguntó Nicholl.

—¡Toma! Que será insuficiente.

—¡Bueno!

—¡Y que no llegaremos al punto de equilibrio!

—¡Cielos!

—Ni siquiera a mitad del camino.

—¡Canastos! —exclamó Miguel Ardán, saltando como si el proyectil estuviese a punto de chocar con el globo terrestre.

—¡Y caeremos otra vez a la Tierra!

Capítulo V:
Los fríos del espacio

Esta revelación detonó como una bomba. ¿Quién había de esperar semejante error de cálculo? Barbicane no quería creerlo. Nicholl revisó sus números y comprobó que eran exactos. En cuanto a la fórmula que los había determinado, no se podía dudar de su exactitud, y hecha la comprobación, se demostró de un modo indudable que para llegar al punto de equilibrio se necesitaba una velocidad inicial de dieciséis mil quinientos setenta y seis metros en el primer segundo.

Los tres amigos se miraron, silenciosos. Nadie pensaba en almorzar. Barbicane, con los dientes apretados, contraídas las cejas y los puños crispados convulsivamente, observaba al través del cristal. Nicholl, cruzado de brazos, repasaba sus cálculos. Miguel Ardán murmuraba:

—¡Véase lo que son los sabios! ¡Siempre hacen lo mismo! ¡Daría veinte pesos por caer sobre el observatorio de Cambridge y aplastar en él a todos esos emborronadores de papel!

De repente el capitán hizo una reflexión que se dirigía a Barbicane.

—¡Sin embargo! —dijo—, son las siete de la mañana; hace treinta y dos horas que hemos partido; hemos recorrido más de la mitad de nuestro trayecto y no caemos, que yo sepa!

Barbicane no respondió; pero después de echar una mirada rápida al capitán, tomó un compás que le servía para medir la distancia angular del globo terrestre; luego, por el cristal inferior, hizo una observación muy exacta, en atención a la inmovilidad aparente del proyectil. Levantándose entonces y secándose el sudor que le bañaba la frente, trazó algunas cifras en el papel. Nicholl comprendía que el presidente quería deducir de la medida del diámetro terrestre la distancia del proyectil a la Tierra, y le miraba con viva ansiedad.

—No —gruñó Barbicane, después de algunos instantes—, no caemos. Nos encontramos a más de cincuenta mil leguas de la Tierra. Hemos pasado ya del punto en que debía detenerse el proyectil, si su velocidad no hubiera sido más que de once mil metros en el momento de salir. Seguimos subiendo.

—Es indudable —respondió Nicholl—, y de ahí debemos deducir que nuestra velocidad inicial, bajo el impulso de las cuatrocientas mil libras de algodón pólvora, ha excedido de los ocho mil metros necesarios. Ahora comprendo cómo hemos encontrado a los trece minutos el segundo satélite que gravita a dos mil leguas de la Tierra.

—Y esa explicación es tanto más fundada —añadió Barbicane— cuanto que al arrojar el agua contenida entre los tabiques elásticos, el proyectil se ha encontrado repentinamente aligerado de un peso enorme.

—¡Justo! —dijo Nicholl.

—¡Ah, mi buen Nicholl! —exclamó Barbicane—. Nos hemos salvado.

—Pues bien —respondió tranquilamente Miguel Ardán—, si nos hemos salvado, almorcemos.

En efecto, Nicholl no se engañaba: la velocidad inicial había sido afortunadamente superior a la indicada por el observatorio de Cambridge, pero lo cierto es que el observatorio de Cambridge se había equivocado.

Los viajeros, repuestos de aquel falso motivo de alarma, se sentaron a la mesa y almorzaron alegremente; y si comieron mucho, no hablaron menos; la confianza era mayor aún que antes del «incidente del álgebra».

—¿Por qué no hemos de seguir adelante? —decía Miguel Ardán—. ¿Por qué no hemos de llegar? ¡Nos hemos lanzado; no tenemos obstáculos delante; el camino está despejado, sin piedras en que tropezar; marchamos con más libertad que el barco por el mar y el globo por el aire! Pues bien, si un barco llega a donde quiere y un globo sube tanto como le parece, ¿por qué nuestro proyectil no ha de llegar al punto a donde ha sido dirigido?

—Llegará —aseguró Barbicane.

—Aunque sólo fuera por honrar al pueblo americano —añadió Miguel Ardán—, al único pueblo capaz de llevar a feliz término una misión semejante, al único capaz de producir un presidente Barbicane. ¡Ah! Se me ocurre una idea; ahora que estamos descuidados, ¿qué va a ser de nosotros? ¿Vamos a aburrirnos soberanamente?

Barbicane y Nicholl hicieron un ademán negativo.

—Pero yo he previsto el caso, amigos míos —añadió Miguel Ardán—. No hay más que hablar; tengo a vuestra disposición ajedrez, damas, naipes y dominó; sólo me falta una mesa de billar.

—¡Cómo! —preguntó Barbicane—. ¿Has traído todos esos trastos?

—Como lo oyes —respondió Miguel, y no tan sólo para distraernos, sino también con la sana intención de regalarlos a los cafetines selenitas.

—Amigo mío —dijo Barbicane—, si la Luna está habitada, sus habitantes han aparecido muchos miles de años antes que los de la Tierra, porque no se puede dudar de que aquel astro es más viejo que el nuestro. Por consiguiente, si los selenitas existen desde hace centenares de miles de años, si su cerebro se encuentra organizado como el cerebro humano, es indudable que han inventado ya no solamente cuanto hemos inventado nosotros, sino lo que inventaremos en muchos siglos. Así que nada podremos enseñarles, mientras que ellos podrán enseñarnos mucho.

—¡Cómo! —respondió Miguel—. ¿Crees que habrán tenido ya artistas como Fidias, Miguel Ángel o Rafael?

—Sí.

—¿Y poetas como Homero, Virgilio, Milton, Lamartine y Víctor Hugo?

—Estoy seguro.

—¿Filósofos como Platón, Aristóteles, Descartes y Kant?

—No lo dudo.

—¿Sabios como Arquímedes, Euclides, Pascal y Newton?

—Lo juraría.

—¿Cómicos como Arnal y fotógrafos como Nadar?

—Me atrevo a apostarlo.

—Entonces, amigo Barbicane, si están tan adelantados como nosotros o más estos selenitas, ¿por qué no han pretendido comunicar con la Tierra? ¿Por qué no han lanzado un proyectil lunar hasta las regiones terrestres?

—¿Y quién te dice que no lo hayan hecho? —respondió muy seriamente, Barbicane.

—En efecto —añadió Nicholl—, les era más fácil que a nosotros, y por dos razones: la primera porque la atracción es seis veces menor en la superficie de la Luna que en la de la Tierra, lo cual permite a un proyectil elevarse más fácilmente; y la segunda, porque bastaba enviar ese proyectil a ocho mil leguas en lugar de ochenta mil; lo cual no exigía más que una fuerza de proyección diez veces menor que la empleada por nosotros.

—Entonces —insistió Miguel—, lo repito: ¿por qué no lo ha hecho?

—Y yo —replicó Barbicane— repito también: ¿quién dice que no lo hayan hecho?

—¿Cuándo?

—Hace muchos miles de años, antes de aparecer el hombre sobre la Tierra.

—¿Y dónde está el proyectil? ¡Yo quiero ver ese proyectil!

—Amigo mío —respondió Barbicane—, el mar cubre las cinco sextas partes de nuestro Globo; lo cual son, por lo menos, cinco buenas razones para suponer que si el proyectil lunar fue lanzado, puede encontrarse a estas horas en el fondo del Atlántico o del Pacífico. A no ser que se sepultara en alguna hendidura en la época en que la corteza terrestre no se había formado del todo.

—Querido Barbicane —respondió Miguel Ardán—, para todo tienes respuestas y me, inclino ante tu sabiduría. Sin embargo, hay una hipótesis que me halagaría más que las otras; y es que los selenitas, a pesar de ser más viejos que nosotros, sean más prudentes, y no hayan inventado la pólvora.

En aquel momento, Diana se mezcló en la conversación, lanzando un sonoro ladrido; la pobre pedía su almuerzo.

—¡Ah! —dijo Miguel Ardán—, con las discusiones nos olvidamos de Diana y de Satélite.

Al instante ofrecieron una excelente torta a la perra, que la devoró con gran apetito.

—Ahora pienso, amigo Barbicane —decía Miguel—, que debiéramos haber hecho de este proyectil una segunda arca de Noé y llevar a la Luna una pareja de cada especie de animales domésticos.

—Sin duda —replicó Barbicane—, pero hubiera faltado espacio.

—¡Bah! —dijo el otro—. Estrechándose un poco…

—La verdad es —respondió Nicholl— que el buey, la vaca, el toro, el caballo, todos estos animales nos hubieran sido muy útiles en el continente lunar. Por desgracia, este vagón no podía convertirse en cuadra ni establo.

—Pero, por lo menos, podíamos haber traído un asno, siquiera un asno pequeño, animal valeroso y sufrido que gustaba montar al viejo Sileno. Yo tengo mucho cariño a los asnos, porque son los animales menos favorecidos de la Creación. No sólo se les apalea en vida, sino también después de muertos.

—¿Qué quieres decir? —preguntó Barbicane.

—¡Nada! Que con su piel fabrican tambores.

Barbicane y Nicholl soltaron la carcajada al oír esta salida; pero les cortó la risa un grito de su festivo compañero que se había inclinado hacia el rincón donde estaba Satélite, y se levantó, diciendo:

—Pues, señor, Satélite ya no está enfermo.

—¡Ah! —exclamó Nicholl.

—No —prosiguió Miguel—, está muerto. He ahí —añadió en tono compungido— un gran contratiempo. Ya voy temiendo que la pobre Diana no tenga prole en las regiones lunares.

En efecto, el pobre perro no había podido sobrevivir a sus heridas; estaba muerto y bien muerto. Miguel Ardán miraba, desconcertado, a sus amigos.

—Ahora veo un inconveniente —dijo Barbicane—. No podemos tener aquí el cadáver de ese perro durante cuarenta y ocho horas.

—Seguramente —respondió Nicholl—, pero las lumbreras tienen bisagras de manera que se pueden abrir. Abriremos una y arrojaremos el cadáver al espacio.

El presidente reflexionó un instante sobre la decisión a tomar, y aclaró:

—Sí, eso habrá que hacer, aunque tomando precauciones.

—¿Por qué? —preguntó Miguel.

—Por dos razones que comprenderás —respondió Barbicane—. La primera es el aire del proyectil, que es preciso tener cuidado de no perderlo.

—¿Qué importa, si lo rehacemos?

—No lo rehacemos sino en parte; rehacemos solamente el oxígeno, amigo Miguel; y a propósito, hay que cuidar mucho que el aparato no produzca una cantidad excesiva, porque esto podía ocasionar trastornos fisiológicos de gravedad. Pero si rehacemos el oxígeno no rehacemos el nitrógeno, vehículo que los pulmones no absorben y que debe quedar intacto, pues este nitrógeno se escaparía con rapidez por la abertura de las lumbreras.

—¡Oh! ¿Tanto tiempo se necesita para arrojar a ese pobre Satélite? —preguntó Miguel.

—No mucho, pero de todos modos es preciso hacerlo con la mayor rapidez posible.

—¿Y la otra razón? —preguntó Miguel.

—La otra razón es que no conviene dejar penetrar en el interior del proyectil los fríos exteriores, que son excesivos, so pena de exponernos a quedar helados.

—Sin embargo, el Sol…

—El Sol calienta nuestro proyectil, que absorbe sus rayos, pero no calienta el vacío en que flotamos. Donde no hay aire, no hay calor ni luz difusa, y así como reina oscuridad, reina frío, allí donde no llegan directamente los rayos del Sol. Esta temperatura no es sino la producida por la estelar, es decir, la que sufriría el globo terrestre si el Sol se apagara un día.

—Lo cual no es de temer —respondió Nicholl.

—¿Quién sabe…? —añadió Miguel Ardán—. Además, aun admitiendo que el Sol no se apague, ¿no puede suceder que la Tierra se aleje de él?

—¡Vaya! —exclamó Barbicane—. Ya sale Miguel con sus ocurrencias.

—¡Eh! —replicó Miguel—. ¿Pues no sabemos todos que la Tierra ha atravesado la cola de un cometa en 1861? Supongamos, pues, que aparece otro cometa de fuerza atractiva superior a la atracción solar. La órbita de la tierra se inclinaría hacia el astro errante, con lo cual nuestro Globo, convertido en satélite de aquél, se vería arrastrado a una distancia tal que los rayos del Sol no tendrían acción alguna en su superficie.

—Pudiera suceder, en efecto —respondió Barbicane—; pero las consecuencias de ese cambio podrían ser mucho más temibles de lo que tú supones.

—¿Y por qué?

—Porque el frío y el calor seguirían equilibrándose en nuestro Globo. Se ha calculado que si la Tierra se hubiera visto arrastrada por el cometa de 1861, habría sentido, en su mayor distancia del Sol, un calor que no hubiera llegado a dieciséis veces el de la Luna, calor que, concentrado en las lentes más fuertes, no produce efecto sensible.

—¿Y qué? —dijo Miguel.

—Aguarda —respondió Barbicane—; se ha calculado también que en su perihelio o distancia más corta del Sol, la Tierra hubiera sufrido un calor igual a veintiocho mil veces el del estío. Pero aquel vapor, capaz de vivificar las materias terrestres y de vaporizar las aguas, hubiera formado un anillo de nubes que habría templado esa temperatura excesiva. De ahí la compensación entre los fríos del afelio y los calores del perihelio, cuyo resultado habría sido una temperatura media probablemente tolerable.

—¿Pero en cuántos grados se calcula la temperatura de los espacios planetarios? —preguntó Nicholl.

—En la Antigüedad se creía —respondió Barbicane— que esa temperatura era sumamente baja, llegándose a fijarla en millones de grados bajo cero. Pero un compatriota de Miguel, el ilustre Fourier, de la Academia de Ciencias, ha hecho cálculos incontestables, de los cuales se deduce que esa temperatura no baja de sesenta grados bajo cero, que es, con poca diferencia, la temperatura observada en las regiones polares, en la isla Melville o en el fuerte Reliance; cincuenta y seis grados bajo cero.

—Falta probar —notó Nicholl— que Fourier no se haya equivocado en sus apreciaciones. Si no me engaño, otro sabio francés, Rouilet, calcula la temperatura del espacio en ciento sesenta grados bajo cero; esto es lo que nosotros comprobaremos.

—Más no ahora —respondió Barbicane—, porque los rayos solares, que asaltan directamente nuestro termómetro, nos darían una temperatura muy elevada. Pero cuando hayamos llegado a la Luna, durante las noches de quince días que tiene cada una de sus fases alternativamente, podremos hacer el experimento porque nuestro satélite se mueve en el vacío.

—¿Pero qué entiendes por vacío? —preguntó Miguel—. ¿El vacío absoluto?

—El vacío privado absolutamente de aire.

—¿Y en el que nada sustituye al aire?

—Sí, el éter —respondió Barbicane.

—¡Ah! ¿Y qué es el éter?

—El éter, amigo mío, es una aglomeración de átomos imponderables que en relación con sus dimensiones, dicen las obras de física molecular, se encuentran entre sí tan distantes como los cuerpos celestes del espacio. Y, sin embargo, su distancia es menos de tres millonésimas partes del milímetro. Estos átomos, que por sus movimientos vibratorios producen la luz y el calor, hacen cada segundo cuatrocientos treinta millones de ondulaciones, y no tienen sino de cuatro a seis diezmillonésimas de milímetro de amplitud.

—¡Millones de millones! —exclamó Miguel Ardán—. ¡Es decir, que se han contado y medido esas oscilaciones! Todo eso, amigo Barbicane, son cifras con que los sabios espantan el oído, pero que nada dicen a la inteligencia.

—Sin embargo, es menester emplearlas.

—No, por cierto; vale más comparar. Un trillón nada significa; un objeto de comparación lo dice todo. Por ejemplo: cuando tú me hayas repetido que el volumen de Urano es setenta y seis veces mayor que el de la Tierra, el volumen de Saturno novecientas veces mayor, el del Sol un millón trescientas mil, me encontraré tan adelantado como ahora. Por eso prefiero esas antiguas comparaciones del Double Liegeos, que nos dice simplemente: el Sol es una calabaza de dos pies de diámetro. Júpiter una naranja. Saturno una manzana. Neptuno una guinda. Urano una cereza gorda. La Tierra un garbanzo. Venus un guisante.

Marte una cabeza de alfiler gordo. Mercurio un grano de mostaza, y Juno, Ceres, Vesta y Palas simples granos de arena. ¡Así, a lo menos se forma una idea aproximada!

Después de esta salida de Miguel Ardán contra los sabios y los enormes guarismos que amontonan, se procedió al entierro de Satélite; se trataba simplemente de lanzarlo al espacio de la misma forma que los marinos arrojan un cadáver al mar cuando se encuentran en plena navegación.

Pero, como lo había recomendado el presidente Barbicane, fue preciso operar con rapidez, a fin de perder la menor cantidad posible de aquel aire cuya elasticidad habría lanzado en un momento al vacío. Se destornillaron con cuidado los pasadores de la lumbrera de la derecha, cuya abertura medía unos treinta centímetros de diámetro, se levantó el cristal por medio de una palanca, para vencer la presión del aire interior; y, apenas hubo espacio suficiente para ella, y Miguel arrojó su perro al espacio.

La pérdida de aire fue tan escasa y la operación se hizo tan bien, que Barbicane se atrevió más adelante a deshacerse del mismo modo de restos y desperdicios inútiles que estorbaban en el vagón.

Transcurrió el día 3 sin ningún evento digno de ser mencionado, y Barbicane pudo convencerse de que el proyectil continuaba con velocidad decreciente su marcha hacia el disco lunar.

Capítulo VI:
Preguntas y respuestas

El 4 de diciembre se despertaron los viajeros después de cincuenta y cuatro horas de viaje, y cuando los relojes marcaban las cuatro de la mañana terrestre. No habían pasado más de cinco horas y cuarenta minutos de la mitad de la duración calculada a su permanencia en el proyectil; pero habían recorrido ya casi las siete décimas partes de la travesía. Esta particularidad se debía al decrecimiento de su velocidad.

Al observar la Tierra por el cristal inferior, les pareció una mancha oscura en medio de los rayos solares; ya no presentaba ni círculo luminoso, ni luz cenicienta; a las once de la noche siguiente debía estar nueva, en el momento mismo en que la Luna estaría llena. Encima de ellos el astro de la noche se acercaba cada vez más a la línea seguida por el proyectil, de manera que debía de encontrarse con él a la hora indicada. En torno suyo, la bóveda negra se encontraba tachonada de brillantes estrellas que parecían moverse lentamente. Pero a causa de la enorme distancia a que estaban, su tamaño aparente no parecía haber sufrido modificación. El Sol y las estrellas aparecían lo mismo que se les ve desde la Tierra. En cuanto a la Luna, había aumentado considerablemente; pero los anteojos de los viajeros, que no eran de gran potencia, no permitían hacer observaciones útiles en su superficie ni reconocer su disposición topográfica y geológica.

Pasaban el tiempo en conversaciones interminables, cuyo tema principal era, naturalmente, la Luna, y cada cual ofrecía el contingente de particulares conocimientos: Barbicane y Nicholl siempre serios; Miguel Ardán siempre con sus raras bromas. Mientras almorzaban se le ocurrió a este último una pregunta acerca del proyectil que provocó una curiosa respuesta de Barbicane digna de referirse.

Suponiendo que el proyectil se hubiera visto detenido súbitamente cuando se encontraba todavía animado de su velocidad inicial, pretendía Miguel Ardán saber qué consecuencia hubiera tenido aquella súbita detención.

—Pero yo no sé —respondió Barbicane— cómo podría detenerse el proyectil.

—Supongámoslo —respondió Miguel.

—Pero si no se puede suponer —replicó el práctico Barbicane—, a no ser faltándole la fuerza impulsiva, y entonces su velocidad habría disminuido poco a poco, y no de repente.

—Supongamos que hubiera colisionado con algún cuerpo en el espacio.

—¿Con cuál?

—Con el enorme bólido que hemos encontrado, por ejemplo.

—En ese caso —dijo Nicholl— el proyectil se hubiera hecho mil pedazos y nosotros con él.

—Algo más que eso —añadió Barbicane—: nos hubiéramos abrasado vivos.

—¡Abrasado! —exclamó Miguel—. ¡Por Dios! Casi siento que no haya ocurrido el caso, para verlo.

—Ya lo hubieras visto —respondió Barbicane—. Hoy se sabe que el calor no es más que una modificación del movimiento. Cuando se calienta agua, es decir, cuando se le añade calor, se da movimiento a una molécula.

—¡Hombre! —exclamó Miguel—. ¡Curiosa teoría!

—Y exacta; amigo mío; porque explica todos los fenómenos del calórico. El calor no es sino un movimiento molecular, una simple oscilación de las partículas de un cuerpo. Cuando se aprieta el freno de un tren, el tren se para. ¿Y qué es del movimiento que le alienta? Se transforma en calor, y el tren se calienta. ¿Por qué se untan con grasa los ejes de las ruedas? Para impedir que se caliente, porque este calor se convertiría en un movimiento rápido por transformación. ¿Comprendes?

—¡Sí, comprendo! —repuso Miguel—. Perfectamente. Así, por ejemplo, cuando yo he corrido largo rato y estoy nadando en sudor, ¿por qué me veo obligado a detenerme? ¡Es muy sencillo, porque mi movimiento se ha transformado en calor!

Barbicane no pudo menos de sonreír al escuchar aquella ocurrencia de Miguel Ardán. Continuando su teoría, siguió diciendo:

—Eso hubiera sucedido a nuestro proyectil en caso de un choque, como a la bala que cae ardiente después de haber dado en la plancha metálica; y es porque su movimiento se ha convertido en calor. En consecuencia, afirmo que si nuestro proyectil hubiera tropezado con el bólido, su velocidad destruida de súbito, hubiera determinado un calor capaz de volatilizarse instantáneamente.

—Entonces —preguntó Nicholl—, ¿qué sucedería a la Tierra si se viera detenida de repente en un movimiento de traslación?

—Que su temperatura se elevaría hasta un grado tal que el Globo entero se reduciría a vapores.

—Bueno —dijo Miguel—, ved ahí el modo de acabarse el mundo que simplificaría muchas cosas.

—¿Y si la Tierra cayera en el Sol? —dijo Nicholl.

—Según los cálculos —respondió Barbicane—, aquella caída desarrollaría un calor igual al producido por un millón seiscientos globos de carbón iguales en volumen al globo terrestre.

—Buen aumento de temperatura para el Sol —dijo Miguel Ardán—, y que vendría muy bien a los habitantes de Urano y de Neptuno, que deben morirse de frío en sus planetas.

—Así, pues, amigos míos —prosiguió Barbicane—, todo movimiento repentinamente detenido produce calor; y esta teoría ha permitido admitir que el calor del disco solar se encuentra alimentado por una, lluvia de bólidos que caen sin parar en su superficie. Se ha calculado…

—¡Cuidado! —murmuró Miguel—, que van a empezar otra vez los números.

—Se ha calculado —siguió diciendo impasible Barbicane— que el choque de cada bólido sobre el Sol debe producir un calor igual al de cuatro mil masas de igual volumen.

—¿Y qué proporciones tiene ese calor? —preguntó Miguel.

—Es igual al que produciría la combustión de una capa de carbón que rodeara al Sol con un espesor de veinticuatro kilómetros.

—Y ese calor…

—Sería capaz de hervir en una hora dos mil novecientos millones de miriámetros cúbicos de agua.

—¿Y cómo es que no nos tuesta? —preguntó Miguel.

—Porque la atmósfera terrestre absorbe cuatro décimas partes de calor solar. Y además, la cantidad de calor interceptada por la Tierra no es más que dos mil millonésimas partes de la irradiación total.

—Ya veo que todo está perfectamente preparado —replicó Miguel— y que esta atmósfera es una invención útil porque no sólo nos permite respirar, sino que nos impide ser asados.

—Sí —dijo Nicholl—; pero desgraciadamente no sucederá lo mismo en la Luna.

—¡Bah! —repuso Miguel, siempre confiado—. Si hay allí habitantes respirarán; si no los hay, habrán dejado bastante oxígeno para tres personas, aunque sólo sea en el fondo de los barrancos donde su peso lo haya acumulado. Quiero decir que lo subiremos a las montañas, y así se arregla todo.

Y levantándose, se puso a contemplar la Luna, que brillaba con irresistible resplandor.

—¡Cáspita! —dijo—. ¡Y qué calor debe hacer allí!

—Y ten presente —respondió Nicholl— que el día dura allí trescientas sesenta horas.

—En cambio —dijo Barbicane— las noches duran otro tanto, y como el calor es restituido por radiación, su temperatura no será mayor, que la de los espacios planetarios.

—¡Bello país! —dijo Miguel—. Pero no importa; quisiera estar ya en él. ¡Ah, camaradas, qué curioso sería tener la Tierra por Luna, verla levantarse en el horizonte, reconocer la configuración de sus continentes y decir: allí está Europa; allí América; y seguirla después, cuando va a perderse en los rayos del Sol! A propósito, amigo Barbicane, ¿tienen eclipses los selenitas?

—Sí, eclipses de Sol —respondió Barbicane—, cuando los centros de los tres astros se encuentran en la misma línea, encontrándose la Tierra en medio. Pero son eclipses anulares, durante los cuales la Tierra, proyectándose como una pantalla sobre el disco solar, deja ver a su alrededor gran parte de éste.

—¿Y por qué —preguntó Nicholl— no hay eclipse total? ¿Acaso no se extiende más allá de la Luna el cono de sombra que la Tierra proyecta?

—Sí, no teniendo en cuenta la refracción producida por la atmósfera terrestre; no, sí se cuenta con esa refracción. Así, por ejemplo, llamemos delta prima a la pareja horizontal, y p prima al semidiámetro aparente…

—¡Adiós! —exclamó Miguel—. Ya tenemos otra vez el v subcero elevado cuadrado; hable un idioma que todos comprendamos y deja esa endemoniada álgebra de una vez.

—Pues bien, en lengua vulgar —respondió Barbicane—, siendo la distancia media de la Luna a la Tierra 60 radios terrestres, la longitud del cono de sombra pura, y que el Sol envía, no sólo los rayos de su circunferencia, sino también los de su centro.

—Entonces —dijo Miguel, en tono burlón—, ¿cómo hay eclipse, puesto que no debe haberlo?

—Únicamente porque estos rayos solares quedan debilitados por la refracción, y la atmósfera que atraviesa extingue la mayor parte.

—Me satisface esa razón —respondió Miguel—, además de que ya lo veremos mejor cuando estemos allí.

—Ahora bien, Barbicane; ¿crees que la Luna pueda ser un antiguo cometa?

—¡Vaya una idea!

—Si —replicó Miguel, con cierta presunción benévola—; tengo algunas ideas por el estilo y…

—No es tuya esa idea, Miguel —respondió Nicholl.

—¡Bueno! ¿Es decir que soy un plagiario?

—¡Ya lo creo! —respondió Nicholl—. Según antiguas tradiciones, los de Arcadia aseguraban que sus antepasados habían habitado la Tierra antes que hubiese Luna. Y de ahí han deducido algunos sabios que nuestro satélite fue en otros tiempos un cometa cuya órbita pasaba tan cerca de la Tierra que una vez el astro errante fue capturado por la atracción terrestre, y mantenido en la órbita que desde entonces recorre.

—¿Y qué hay de cierto en esa hipótesis? —preguntó Miguel.

—Absolutamente nada —respondió Barbicane— y la prueba es que la una no ha conservado restos de la envoltura gaseosa que acompaña siempre a los cometas.

—Pero —replicó Nicholl—, ¿no ha podido suceder que la Luna, antes de ser satélite de la Tierra, y en el momento de encontrarse en su perihelio, pasase tan cerca del Sol que dejara en él por evaporación todas esas sustancias gaseosas?

—No sería imposible, amigo Nicholl, pero no es probable.

—¿Por qué?

—El por qué… no te lo podré decir a punto fijo.

—¡Ah! —exclamó Miguel—. ¡Cuántos centenares de libros se podrían escribir con todo lo que no se sabe!

—Hablando de otra cosa, ¿qué hora es?

—Las tres —respondió Nicholl.

—¡Qué de prisa pasa el tiempo en las conversaciones de sabios como nosotros! —exclamó Miguel Ardán—. ¡Qué instruido me estoy volviendo! Poco a poco me convierto en un oceano de ciencia.

Y mientras así hablaba se encaramó hasta la bóveda del proyectil «para observar mejor la Luna», según decía. Entretanto, sus compañeros examinaban el espacio por el cristal inferior, sin advertir nada digno de notarse. Cuando Miguel bajó de sus alturas se acercó a la lumbrera lateral y, de repente, profirió una exclamación de sorpresa.

—¿Qué pasa? —preguntó Barbicane.

El presidente se acercó al cristal y vio una especie de saco aplanado que flotaba delante a pocos metros del proyectil. Parecía que estaba inmóvil, como éste, y, por consiguiente, debía suponerse que se hallaba animado del mismo movimiento ascensional.

—¿Qué bulto será ése? —decía Miguel Ardán—. ¿Será algún corpúsculo de esos que vagan por el espacio, retenido por la atracción de nuestro proyectil y que irá a acompañarle hasta la Luna?

—Lo que no comprendo —respondió Nicholl— es cómo el peso específico de ese cuerpo, que seguramente es muy inferior al del proyectil, le permite sostenerse a su mismo nivel.

—Querido Nicholl —respondió Barbicane, después de reflexionar un instante—; no sé qué objeto es ése, pero sé perfectamente porqué se mantiene al lado del proyectil.

—¿Por qué?

—Pues simplemente, querido capitán, porque flotamos en el vacío, donde los cuerpos caen o se mueven, que es lo mismo, con velocidad igual cualesquiera que sea su forma y volumen. El aire es el que por su resistencia da origen a las diferencias de peso. Cuando por medio de la máquina neumática se hace el vacío en un tubo, los objetos que se han puesto dentro, pajas o plomos, caen todos con igual rapidez. Aquí, en el espacio, la misma causa produce idéntico efecto.

—Es verdad —dijo Nicholl—, todo cuanto arrojemos fuera del proyectil le acompañará en su viaje a la Luna.

—¡Ah, qué tontos somos! —exclamó Miguel.

—¿Por qué nos designas ese calificativo? —preguntó Barbicane.

—Porque podíamos haber llenado el proyectil de objetos útiles, como libros, instrumentos, herramientas, etc. ¡Lo hubiéramos echado fuera, y todo nos hubiera seguido! Pero ahora se me ocurre otra cosa. ¿No podríamos salir nosotros también y lanzarnos al espacio por una de las lumbreras? ¡Qué placer tan nuevo debe ser encontrarse suspendido en el éter, mucho más cómodamente que un ave, que necesita batir las alas para moverse!

—Es verdad —dijo Barbicane—, pero ¿cómo nos arreglaríamos para respirar?

—¡Maldito aire, que falta en tan buena ocasión!

—Y si no faltara, amigo Miguel, como tu densidad es inferior a la del proyectil, te quedarás atrás en un momento.

—¿De manera que esto es un círculo vicioso?

—Todo lo vicioso que quieras.

—¿Y es forzoso permanecer encerrados en el vagón?

—No hay más remedio.

—¡Ah! —exclamó Miguel, con un gran grito.

—¿Qué te pasa? —preguntó Nicholl.

—Ya sé lo que es ese supuesto bulto. ¡No es esferoide ni fragmento de planeta!

—¿Pues qué es? —preguntó Barbicane.

—¡Nuestro pobre perro, el marido de Diana!

En efecto, aquel objeto deforme imposible de conocer, reducido a la nada, era el cadáver de Satélite, aplastado como un odre vacío, y que subía por el espacio obedeciendo el movimiento del proyectil.

Capítulo VII:
Un momento de embriaguez

Así, pues, se verificaba en tan singulares condiciones un fenómeno curioso y extraño, pero no menos lógico y perfectamente explicable. Todo objeto arrojado a la parte exterior del proyectil tenía que seguir la misma trayectoria y no detenerse sino con él. Esto dio motivo a una conversación que no concluyó en toda la noche. Por otra parte, la emoción de los viajeros iba en aumento a medida que se acercaban al término del viaje. Esperaban lo imprevisto, fenómenos enteramente nuevos y nada les hubiera sorprendido en la disposición de ánimo en que se encontraban. Su imaginación sobreexcitada se adelantaba al proyectil, cuya velocidad disminuía notablemente sin que ellos lo advirtieran. Pero la Luna crecía ante sus ojos, y creían que les bastaba alargar la mano para cogerla.

Al día siguiente, 5 de diciembre, estaban los tres en pie a las cinco de la mañana. Aquel día debía ser el último de su viaje, si no fallaban los cálculos. Aquella misma noche, a las doce, o sea dieciocho horas después, en el momento mismo del plenilunio, debían llegar a tocar el disco resplandeciente del satélite de la Tierra, tocando a su término el viaje más extraordinario de los tiempos modernos. Por lo tanto, desde la mañana, y a través de las lumbreras plateadas con sus rayos, saludaron al astro de la noche con una aclamación de alegría y confianza.

La Luna marchaba majestuosamente por el firmamento estrellado, faltándole ya muy pocos grados que recorrer para llegar al punto preciso del espacio en que debía encontrarla el proyectil. Según sus propias observaciones, Barbicane calculó que la alcanzaría por su hemisferio boreal, donde se extienden llanuras inmensas y disminuyen las montañas. Circunstancia favorable si, como sospechaba, la atmósfera lunar se encontraba almacenada en las partes bajas.

—Además —añadió Miguel Ardán—, una llanura es un sitio de desembarco mucho más a propósito que una montaña, Un selenita que al llegar a la Tierra encontrara la cumbre del Montblanc o del Himalaya podría decirse que no había llegado.

—Además —añadió el capitán Nicholl— en terreno llano, el proyectil quedará inmóvil en cuanto llegue en cambio en una pendiente, rodaría como un alud, y como nosotros no somos ardillas, dudo que saliéramos sanos y salvos. De manera que todo va a pedir de boca.

En efecto, no parecía dudoso el éxito de la audaz tentativa; sin embargo, una reflexión preocupaba a Barbicane, quien no obstante, la silenció, para no inquietar a sus compañeros.

La dirección del proyectil hacia el hemisferio Norte de la Luna demostraba que su trayectoria había sufrido cierta modificación. El tiro, matemáticamente calculado, debía llevar la bala al centro mismo del disco lunar. Si no llegaba allí era señal de que había desviación. ¿Qué causa la había producido? Barbicane no podía adivinarlo ni determinar la importancia de esa desviación, porque le faltaban los puntos de mira. Esperaba les llevase hasta el borde superior de la Luna, región más favorable para la llegada.

Sin comunicar sus temores a sus amigos, se limitó Barbicane a observar frecuentemente la Luna, procurando ver la dirección del proyectil si modificaba. Porque la situación sería desesperada si el proyectil, errando el blanco y pasando del disco lunar, se lanzaba a los espacios interplanetarios.

En aquel momento la Luna, en vez de parecer plana, dejaba ya ver su convexidad. Si el Sol la hubiera herido oblicuamente, habrían podido distinguirse muy bien las sombras proyectadas, sus elevadas montañas, así como bocas de sus cráteres y las caprichosas fallas que surcan sus extensas llanuras. Apenas si distinguían esas grandes manchas que dan a la Luna el aspecto de un rostro humano.

—Rostro, pase —decía Miguel Ardán—, pero lo siento por la amable hermana de Apolo que tiene la cara llena de viruelas.

Entretanto los viajeros, tan cerca ya de su objetó, no se cansaban de observar aquel nuevo mundo. Su imaginación los conducía a comarcas desconocidas; ya creían trepar a picos elevados, ya descender a extensos circos. Se figuraban ver acá y acullá mares inmensos contenidos apenas por una atmósfera dispersa y ríos que les llevaban su tributo desde las montañas. Inclinados sobre el abismo esperaban sorprender los sonidos de aquel astro, eternamente mudo en las soledades del vacío.

Aquel mismo día les dio recuerdos palpitantes y registraron hasta los más insignificantes pormenores. A medida que se acercaban al término se apoderaba de ellos una vaga inquietud, que hubiera sido mucho mayor, de saber ellos cuán escasa era su velocidad, la cual, sin duda, les pareció suficiente para llegar al punto ambicionado. Y era porque entonces casi no pesaba ya el proyectil. Su peso disminuía continuamente y debía reducirse a la nada en aquella línea en que, neutralizándose las dos atracciones, terrestres lunar, habían de producir efectos sorprendentes.

Sin embargo, y a pesar de sus cuidados, Miguel Ardán no se olvidó de preparar el almuerzo con su habitual puntualidad. Comieron con buen apetito aquel excelente caldo preparado a la llama del gas y aquellas carnes en conserva, rociadas con buenos tragos de vino de Francia. A propósito de esto dijo Miguel que los viñedos lunares, calentados al sol ardiente, debían de producir vinos generosos, dado que existieran, por supuesto. De todos modos el previsor francés no se había olvidado de llevar entre sus paquetes unas cuantas de aquellas preciosas cepas de Medoc y de la Cote-d'Or, que pensaba aclimatar en la Luna.

El aparato de Reiset y Regnault seguía funcionando con su exquisita precisión. El aire se mantenía en estado de pureza perfecta; ninguna molécula de ácido carbónico resistía a la potasa; y en cuanto al oxígeno, decía el capitán Nicholl, «era seguramente de primera calidad». El poco vapor de agua encerrado en el proyectil templaba la sequedad del aire y, muchas habitaciones de París, Londres y Nueva York y muchos teatros no se encontraban en tan buenas condiciones higiénicas.

Mas para que el aparato funcionase con regularidad, era menester cuidar de que se mantuviera en buen estado; por eso todas las mañanas examinaba Miguel Ardán los reguladores de salida, probaba las llaves y regulaba en el pirómetro el calor del gas. Todo marchaba bien hasta entonces y los viajeros, imitando al digno J. T. Maston, empezaron a adquirir cierta redondez, que los hubiera puesto desconocidos al cabo de unos cuantos meses de encierro. En una palabra, hacían lo que los pollos hacen cuando están enjaulados: engordaban.

Mirando por las lumbreras, divisó Barbicane el espectro del perro y los diversos objetos arrojados fuera del proyectil, que les acompañaban obstinadamente. Diana exhalaba melancólicos aullidos al ver los restos de Satélite, que permanecían tan inmóviles como si descansara en tierra.

—¿Saben, amigos míos —decía Miguel Ardán—, que si uno de nosotros hubiera sucumbido al golpe de la salida los demás se hubieran visto apurados para enterrarle, o más bien «eterarle», puesto que aquí el éter reemplaza a la tierra? ¡Su cadáver acusador nos habría seguido por el espacio como un remordimiento!

—¡Triste cosa seria! —dijo Nicholl.

—¡Ah! —respondió Miguel—. Lo que yo lamento es no poder dar un —paseo por fuera. ¡Qué placer sería flotar en ese éter radiante, bañarse, revolcarse en esos rayos puros de sol! Si Barbicane se hubiera acordado de traer una escafandra y una bomba de aire, me habría aventurado a salir y hubiera tomado actitudes de quimera y de hipogrifo en lo alto del proyectil.

—Pues bien, querido Miguel —respondió Barbicane—, no hubieras hecho mucho tiempo el hipogrifo, porque a pesar de tu traje de buzo, el aire contenido en tu cuerpo te habría hecho reventar como una bomba o como un globo que se eleva demasiado en el aire. Así, pues, no sientas nada, y ten presente que mientras flotemos en el vacío has de privarte de todo paseo sentimental fuera del proyectil.

Miguel Ardán se dejó convencer hasta cierto punto, conviniendo que la cosa era difícil, pero no imposible, palabra que jamás pronunciaba.

Se cambió la conversación, pero sin que ésta decayera; los amigos advertían que en aquellas condiciones brotaban las ideas en los cerebros como las hojas en los árboles al primer calor de la primavera.

Entre las preguntas y respuestas que se cruzaban, planteó Nicholl una cuestión que no podía resolverse fácilmente.

—Hasta ahora —dijo— no hemos tratado sino de ir a la Luna, lo cual está y bien; pero ¿cómo volveremos?

Se quedaron sorprendidos sus compañeros; hubieran dicho que aquella dificultad se presentaba por primera vez.

—¿Qué quieres decir, Nicholl? —preguntó gravemente Barbicane.

—Me parece inoportuno —dijo Miguel— pensar volver de un país cuando aún no se ha llegado a él.

—No es que yo quiera volver atrás —replicó Nicholl—; pero repito mi pregunta. ¿Cuándo volveremos?

—No lo sé —respondió Barbicane.

—Y yo —dijo Miguel—, si hubiera sabido cómo iba a volver, no hubiera ido.

—Eso es responder —exclamó Nicholl.

—Apoyo las palabras de Miguel y agregaré que la cuestión no tiene interés por ahora. Más adelante, cuando sea necesario, trataremos de eso. Si no tenemos el columbiad, tenemos el proyectil.

—¡Buen negocio es! ¡Una bala sin fusil!

—¡El fusil —respondió Barbicane— se puede hacer, así como la pólvora! Supongo que no faltarán metales, nitro ni carbón en las entrañas de la Luna. Además, para volver, no hay que vencer más que la atracción lunar, y basta sólo andar ocho mil leguas para caer en el globo terrestre, en virtud las leyes de gravedad.

—¡Basta! —dijo Miguel—. ¡No hablemos más de volver! Demasiado hemos hablado ya. En cuanto a comunicar con nuestros antiguos colegas de la Tierra no será cosa difícil.

—¿Y cómo?

—Por medio de bólidos lanzados por los volcanes lunares.

—Bien pensado, Miguel —respondió Barbicane, con tono de convicción—. Laplace ha calculado que bastaría una fuerza once veces superior a la de nuestros cañones para enviar un bólido de la Luna a la Tierra. Ahora bien, no hay volcán que no tenga una potencia impulsiva superior a ésta.

—¡Magnífico! —exclamó Miguel—. Vean ahí unos factores cómodos y que costarán nada. ¡Cómo vamos a reírnos de la Administración de Correos! Pero ahora se me ocurre…

—¿Qué se te ocurre?

—¡Una idea soberbia! ¿Por qué no hemos enganchado un alambre a nuestro proyectil? ¡Ahora podríamos cambiar telegramas con la Tierra!

—¡Por Dios! —replicó Nicholl—. ¿Y el peso de un alambre, hilo de ochenta seis mil leguas, no lo cuentas?

—No. ¡Se hubiera triplicado la carga del columbiad! ¡Cuadruplicado, quintuplicado! —exclamó Miguel, cuya locuacidad tomó una entonación cada vez más violenta.

—¡No hay que hacer más que una leve objeción a tu proyecto! —respondió Barbicane—; y es que durante el movimiento de rotación del proyectil nuestro alambre se hubiera enrollado a él, como una cadena al cabrestante y nos habría arrastrado de nuevo a la Tierra.

—¡Por las treinta y nueve estrellas de la Unión! —exclamó Miguel—. ¡Hoy no tengo más que ideas impracticables! ¡Ideas dignas de J. T. Maston! Pero creo que si nosotros no volvemos a la Tierra, J. T. Maston es capaz de venir a buscarnos.

—¡Oh, sí, vendría! —replicó Barbicane—. Es un digno y valeroso compañero. Además, no hay cosa más fácil. ¿No está el columbiad ahí abierto en el suelo de la Florida? ¿Faltan algodón y ácido nítrico para fabricar el piróxilo? ¿No ha de volver la Luna a pasar por el cenit —de la Florida? ¿En el transcurso de dieciocho años no ocupará el mismo sitio que ocupa hoy?

—Si —repitió Miguel—, sí; Maston vendría, y con él nuestros amigos Elphiston y Blonisberry, todos los individuos del «Gun-Club», y serían bien recibidos. Y más adelante se implantarán trenes proyectiles entre la Tierra y la Luna. ¡Viva J. T. Maston!

Probablemente si el respetable J. T. Maston no oía las exclamaciones hechas en su honor, por lo menos le zumbaban los oídos. ¿Qué haría en aquellos momentos? Sin duda, apostado en las Montañas Rocosas, en la estación de Long's Peak, trataba de descubrir el invisible proyectil que gravitaba en el espacio. Si pensaba en sus compañeros, hay que convenir en que éstos le correspondían, y así, bajo la influencia de una exaltación particular, le dedicaban sus mejores y más cariñosos pensamientos.

Pero, ¿de dónde procedía aquella animación creciente de los viajeros del proyectil? No podía dudarse de su sobriedad. ¿Debía atribuirse aquel extraño cretinismo del cerebro a las circunstancias excepcionales en que se encontraban, a la proximidad del astro de la noche, que sólo difería unas cuantas horas, o a alguna influencia secreta de la Luna que obraba sobre su sistema nervioso? Se les encendían los rostros como si se encontraran a la boca de un horno; su respiración era agitada y ruidosa; sus ojos brillaban con un fuego extraordinario; sus voces resonaban con acento formidable, lanzando palabras a borbotones; sus ademanes y movimientos eran tan agitados que carecían de espacio para ellos; y, sin embargo, no parecía que ellos advirtieran todo ese cambio.

—Pues ahora —dijo Nicholl en tono imperativo—, ahora que no sé si volveremos de la Luna, quiero saber qué vamos a hacer si nos quedamos en ella.

—¿Qué vamos a hacer? —dijo Miguel, dando una voz que resonó estrepitosamente en aquel estrecho recinto.

—¡No, no lo sé, ni me importa! —replicó Barbicane, gritando tanto como su compañero.

—Dilo pues —gritó Nicholl que tampoco podía contenerse.

—Lo diré si se me antoja —repuso Miguel, tomando con violencia el brazo su compañero.

—Pues es menester que se te antoje —dijo Barbicane, echando llamas por sus ojos y alzando la mano—. ¡Tú has sido el que nos ha arrastrado a este peligroso viaje y queremos saber para qué!

—¡Sí! —dijo el capitán—. ¡Ya que no sé adónde voy, quiero saber a qué voy!

—¿A qué? —repitió Miguel dando un salto de un metro—. ¿A qué? ¡A tomar posesión de la Luna en nombre de los Estados Unidos! ¡A añadir un Estado más a los treinta y nueve de la Unión! ¡A colonizar las regiones lunares, a cultivarlas, a poblarlas, a transportar a ellas todas las maravillas del arte, de las ciencias y de la industria! ¡A civilizar a los selenitas, si es que no están más civilizados que nosotros, y a constituirlos en República si no tienen ya esta forma de gobierno!

—¿Y si no hay selenitas? —replicó Nicholl, que bajo

la influencia de aquella embriaguez inexplicable se volvía terco y pendenciero.

—¿Quién dice que no hay selenitas? —exclamó Miguel, en tono de amenaza.

—¡Yo! —gritó Nicholl.

—Capitán —dijo Miguel—, no repitas esa insolencia, o te la hago tragar con los dientes.

Los dos adversarios iban a arrojarse uno contra otro, y aquella discusión se iba a convertir en pelea, cuando Barbicane se plantó entre ambos de un salto.

—¡Deténganse, desdichados! —dijo volviendo a sus compañeros de espaldas uno al otro—. Si no hay selenitas nos pasaremos sin ellos.

—Sí —respondió Miguel, que no era más testarudo—. ¡No nos hacen falta los selenitas! ¡Abajo los selenitas!

—Para nosotros el imperio de la Luna —dijo Nicholl—. Nosotros tres constituiremos la República.

—¡Yo seré el Congreso! —gritó Miguel.

—¡Y yo el Senado! —añadió Nicholl.

—¡Y Barbicane el presidente! —vociferó Miguel.

—¡Nada de presidente nombrado por la nación! —respondió Barbicane.

—¡Pues bien, le nombrará el Congreso —exclamó Miguel—, y como soy el Congreso le nombro por unanimidad!

—¡Hurra! ¡Hurra! ¡Hurra por el presidente Barbicane! —exclamó Nicholl llevado por su entusiasmo creciente.

—¡Hip! ¡Hip! ¡Hip! —gritó Miguel.

Y al momento, el presidente y el Senado entonaron con voz terrible el popular Yankee doodle, mientras el Congreso hacía resonar los varoniles versos de La Marsellesa.

Comenzó un baile desordenado con ademanes descompuestos, patadas y cabriolas propias de dementes.

Diana tomó parte en la fiesta, aullando y saltando hacia la bóveda del proyectil. Se oyeron entonces fuertes aletazos, gritos penetrantes de gallos y de gallinas; cinco o seis de éstas salieron volando y tropezando por las paredes, como murciélagos a la luz del día…

Y en seguida, los tres compañeros de viaje, cuyos pulmones parecían desorganizados bajo una influencia desconocida, embriagados o más bien abrasados por el aire que les incendiaba el aparato respiratorio, cayeron sin movimiento al fondo del proyectil.

Capítulo VIII:
A setenta y ocho mil ciento catorce leguas

¿Qué había sucedido? ¿A qué era debida aquella singular embriaguez, cuyas consecuencias podían ser tan funestas a causa de una simple ligereza de Miguel, que felizmente pudo Nicholl remediar a tiempo?

Tras un verdadero desmayo que duró pocos minutos, el capitán fue el primero en recobrar el conocimiento.

Aunque había almorzado dos horas antes, sentía un hambre terrible que le atormentaba como si no hubiera comido en dos días. Su estómago, como su cerebro, se encontraba extraordinariamente excitado.

Se levantó, pues, y pidió a Miguel una comida suplementaria, pero Miguel, que estaba como un tronco, no respondió. Entonces Nicholl quiso preparar alguna taza de té para tomar tostadas, y lo primero que hizo fue encender un fósforo.

¿Y cuál no sería su sorpresa al ver que la llama de la cerilla producía una luz insufrible a la vista y que, aplicada al mechero de gas, lanzó unos resplandores como los del Sol mismo?

Al punto se le ocurrió una idea que explicaba juntamente la intensidad de la luz y las perturbaciones fisiológicas que habían sufrido y la sobreexcitación de sus facultades morales y pasionales.

—¡Es el oxígeno! —exclamó.

Y acercándose al aparato, vio que la llave dejaba salir en excesiva abundancia aquel gas incoloro, inodoro e insípido, eminentemente vital, pero que, en estado puro, produce las más graves perturbaciones en el organismo. En un momento de distracción, Miguel, había dejado enteramente abierta la llave del aparato. Se apresuró Nicholl a contener aquel escape de oxígeno que saturaba la atmósfera y que podía ocasionarles la muerte, no por asfixia, sino por combustión.

Una hora después, el aire, menos cargado, permitía a los pulmones respirar en su estado normal. Poco a poco volvieron de su embriaguez los tres hombres; pero tuvieron que dormir la borrachera de oxígeno como duerme la del vino el beodo.

Al dar cuenta Miguel de la responsabilidad que, le cabía en aquel suceso, no manifestó arrepentimiento. Al contrario, aquella embriaguez inesperada rompía un poco de monotonía del viaje. Muchas tonterías se dijeron bajo su influencia, pero todas estaban ya olvidadas.

—Y además —añadió el joven francés—, no me pesa haber saboreado un poco ese gas embriagador. ¡Sepan, amigos míos, que podría fundarse un establecimiento curioso, con gabinete de oxígeno, donde las personas de organismo débil podrían dar mayor actividad a su vida durante algunas horas! ¡Presuman una reunión en que el aire se encontrase saturado de este fluido heroico, teatros en que la administración lo mandase preparar en gran cantidad, y figúrense qué pasión habría en el ánimo de los actores y de los espectadores, qué fuego, qué entusiasmo! Y si en lugar de una simple reunión, se pudiera saturar a todo un pueblo, qué actividad, qué exuberancia de vida recibiría! ¡De una nación degenerada se podría hacer una nación grande y poderosa, y conozco más de un Estado de nuestra vieja Europa que debería someterse al régimen del oxígeno, por interés de su salud!

Miguel hablaba y se animaba, en términos que parecía estar todavía abierta la llave. Pero Barbicane apagó su entusiasmo.

—Todo eso está muy bien, amigo Miguel —le dijo—; pero ¿no nos dirás de dónde vienen esas gallinas que se han mezclado en nuestro concierto?

—¿Esas gallinas?

—Sí.

Y en efecto, media docena de gallinas y un gallo magnífico andaban de un lado para otro, revoloteando y cacareando.

—¡Ah, torpes! —exclamó Miguel—. El oxígeno las ha sublevado.

—Pero ¿qué vas a hacer con esas gallinas? —preguntó Barbicane.

—¡Aclimatarlas en la Luna, por Dios!

—Entonces, ¿por qué las escondías?

—¡Era una sorpresa que os reservaba, mi digno presidente, pero que ha fracasado, como veis de una forma lastimoso! ¡Quería soltarlas en la Luna sin deciros nada! ¡Cuánto os hubiera sorprendido ver a esos volátiles terrestres picoteando en los campos lunares!

—¡Ah, tunante, eterno y sempiterno! —respondió Barbicane—. ¡Tú no necesitas oxígeno para perder la cabeza! ¡Siempre estás como estábamos hace un rato bajo la influencia del gas! ¡Loco de remate!

—¡Bah! ¿Y quién te ha dicho que no estábamos en aquel momento cuerdos y muy cuerdos? —replicó Miguel Ardán.

Tras esa reflexión filosófica, los tres amigos repararon el desorden del proyectil. Las gallinas y el gallo fueron encerrados otra vez en su jaula. Pero al efectuar esta operación,

Barbicane y sus dos compañeros advirtieron muy marcadamente un nuevo fenómeno.

Desde el momento en que salieron de la Tierra, su propio peso, así como el de todos los objetos que encerraba el proyectil y el de éste mismo, había sufrido una considerable disminución. Si no podían apreciar esta disminución respecto del proyectil, debía llegar un instante en que sería sensible respecto de ellos y de los utensilios e instrumentos de que se valían.

Inútil es decir que una balanza no habría apreciado esta pérdida de peso, porque las pesas la hubieran sufrido igual; pero una balanza de resorte, por ejemplo, cuya tensión es independiente de la fuerza de atracción, hubiera demostrado con exactitud la pérdida sufrida.

Ya sabemos que la atracción, llamada por otro nombre gravedad, es proporcional a las masas y está en razón inversa del cuadrado de las distancias. De aquí se deduce esta consecuencia: si la Tierra hubiera estado la en el espacio; si los demás cuerpos celestes hubieran desaparecido súbitamente, el proyectil, según la ley de Newton, hubiera pesado tanto menos cuanto más se hubiera alejado de la Tierra, aunque sin perder nunca enteramente su peso, porque la atracción terrestre se habría sentido siempre a cualquier distancia.

Pero en aquellas circunstancias tenía que llegar un momento en que el proyectil no se encontrase en forma alguna sometido a las leyes de la gravedad, haciendo abstracción de los demás cuerpos celestes, cuyo efecto podía considerarse como nulo.

En consecuencia, la trayectoria del proyectil se trazaba entre la Tierra y la Luna. A medida que se alejaba de la Tierra la atracción terrestre disminuía en razón inversa del cuadrado de las distancias, pero también la atracción lunar aumentaba en la misma proporción. Así, pues, neutralizándose ambas atracciones, el proyectil no pesaría nada. Si las masas de la Luna y de la Tierra hubieran sido iguales, este punto se habría encontrado a igual distancia de ambos astros. Pero considerando la diferencia de masas, era fácil calcular que aquel punto estaría situado a los cuarenta y siete cincuentaidosavos del viaje, o sea a setenta y ocho mil ciento catorce leguas de la Tierra.

En aquel punto, cualquier cuerpo que no llevase en sí un principio de velocidad de traslación, permanecería eternamente inmóvil, siendo igualmente atraído por los dos astros y no habiendo otra fuerza que le impulsase hacia cualquiera de los dos.

Ahora bien; si se había calculado exactamente la fuerza impulsiva, el proyectil debía llevar a aquel punto con una velocidad nula, habiendo perdido todo inicio de gravedad, como igualmente los objetos que encerraba. ¿Qué sucedería entonces? Tres hipótesis se presentaban que debían producir consecuencias muy diferentes.

O el proyectil habría conservado cierta velocidad, y pasando del punto de la atracción igual, caería en la Luna en virtud de la atracción lunar.

O faltándole la velocidad para llegar al punto de atracción igual, caería a la Tierra, en virtud de la atracción terrestre.

O finalmente, animado por una velocidad suficiente para llegar al punto neutral, pero insuficiente para pasar de él, permanecería eternamente suspendido en aquel sitio, como el supuesto sepulcro de Mahoma, entre el cenit y el nadir.

Tal era la situación, y Barbicane explicó claramente sus consecuencias a sus compañeros de viaje, a quienes el asunto interesaba en el más alto grado. Ahora bien, ¿cómo podrían conocer que el proyectil había llegado al punto neutral situado a: sesenta y ocho mil ciento catorce leguas de la Tierra? Precisamente cuando ni ellos ni los objetos encerrados en el proyectil se sintieran sometidos a las leyes de la gravedad.

Hasta entonces los viajeros, si bien advertían que esta acción disminuía cada vez más, no habían reconocido que, faltase totalmente. Pero aquel mismo día, a eso de las once de la mañana, un vaso que tenía en la mano Nicholl, y que soltó inadvertidamente, se quedó en el aire en vez de caer al suelo.

—¡Bola! —exclamó Miguel—. ¡Vamos a tener un poco de física recreativa!

Y en efecto, en el mismo instante varios objetos, armas, botellas, abandonados a sí mismos, se sostuvieron como por milagro. La perra Diana, colocada por Miguel en el espacio, reprodujo, aunque sin secreto alguno, la suspensión maravillosa, operada por los Caston, los Roberts-Haudin y otros. La perra, por su parte, no parecía advertir que se encontraba en el aire.

Estaban asombrados y estupefactos, a pesar de las razones que tenían para explicar que faltaba a su cuerpo gravedad. Si extendían sus brazos, se quedaban de este modo, sin bajarlos; su cabeza no se inclinaba a ningún lado, y sus pies no tocaban al fondo del proyectil. Parecían hombres ebrios a quienes faltaba la estabilidad. La imaginación ha creado hombres invisibles o sin sombra. Pero allí la realidad, sólo por la neutralización de las fuerzas atractivas, hacía hombres que no pesaban.

Repentinamente, Miguel, tomando impulso, se desprendió del fondo y quedó suspendido en el aire, como el fraile de la Cocina de los Ángeles, de Murillo. Sus dos amigos se le reunieron al momento, y juntos los tres en el centro del proyectil, figuraban una asombrosa ascensión milagrosa.

—¿Esto es creíble? ¿Es verosímil? ¿Es posible? —exclamó Miguel—. ¡No, y sin embargo, es cierto! ¡Ah! Si Rafael nos hubiera visto así, ¡qué Ascensión hubiera trazado en el lienzo!

—La ascensión no puede durar —respondió Barbicane—. Si el proyectil pasa del punto neutral, la atracción de la Luna nos llevará hacia ella.

—Entonces nuestros pies descansarán en la bóveda del proyectil —respondió Miguel.

—No tal —dijo Barbicane—; el proyectil tiene su centro de gravedad abajo; y se volverá poco a poco.

—Entonces todo el moblaje va a verse revuelto en un momento.

—No tengas cuidado, Miguel —respondió Nicholl—. No habrá trastorno alguno; ningún objeto se moverá, porque la evolución del proyectil se hará insensiblemente.

—En efecto —añadió Barbicane—, y cuando haya pasado el punto de atracción, su fondo relativamente más pesado lo arrastrará en dirección perpendicular a la Luna. Pero para que este fenómeno se produzca, es menester que hayamos pasado la línea neutral.

—¡Pasar la línea neutral! —exclamó Miguel—. Entonces hagamos como los marinos cuando pasan el Ecuador: ¡mojemos nuestro paso!

Con un ligero movimiento de lado, se acercó Miguel a la pared; tomó allí una botella y vasos, los colocó en el espacio, delante de sus compañeros, y bebiendo alegremente, saludaron a la línea con una triple inclinación.

Aquella influencia de la atracción duró apenas una hora. Los viajeros se sintieron poco a poco atraídos al fondo del proyectil, mientras el extremo superior de éste, según las observaciones de Barbicane, se apartaba poco a poco de la dirección de la Luna, y por un movimiento inverso, se acercaba a ella la parte inferior. La atracción lunar reemplazaba, pues, a la atracción terrestre. Por consiguiente empezaba la caída hacia la Luna, aunque casi insensible todavía; puesto que no debía ser más que un milímetro y un tercio en el primer segundo, o sean quinientas noventa milésimas de línea. Poco a poco iba aumentándose la fuerza atractiva, la caída sería más marcada, el proyectil presentaría su cono superior a la Tierra y caería con una velocidad creciente hasta la superficie del continente selenita. El objeto, pues, iba a conseguirse, sin que nada pudiera impedir el buen éxito de empresa; y así Nicholl y Miguel Ardán participaban de la alegría de Barbicane.

Hablaron luego de todos aquellos fenómenos que les maravillaban uno tras otro, y especialmente aquella neutralización de las leyes de la gravedad. Miguel Ardán, siempre entusiasta, quería deducir de ellos consecuencias que no eran sino puro capricho.

—¡Ah, mis dignos amigos! ¡Qué progreso tan grande si pudiésemos librarnos tan fácilmente de esa gravedad, de esa cadena que nos sujeta a ella! ¡Sería la libertad del prisionero! ¡No más cansancio de brazos ni de piernas! Y si es verdad que para volar en la superficie de la Tierra, para sostenerse en el aire por el solo ejercicio de los músculos, se necesita una fuerza ciento cincuenta veces superior a la que poseemos, un simple acto de voluntad, un capricho, nos transportaría al espacio, si no existiera la tracción.

—En efecto —dijo riendo, Nicholl—. Si se llegara a suprimir la gravedad como se suprime el dolor por la anestesia, ved ahí una cosa que sembraría la paz en las sociedades modernas.

—Sí —respondió Miguel, fijo en su idea—: destruyamos la gravedad y se acabaron las cargas. No más grúas, no más gatos, no más cabrestantes, ni tornos, ni máquina alguna, que ya no serían necesarias.

—Muy bien dicho —contestó Barbicane—. Pero si se suprimiera la gravedad ningún objeto permanecería en su sitio, ni tu sombrero en tu cabeza, ni tu casa, cuyas piedras se mantienen juntas por su peso. No podría haber arcos, porque si se sostienen sobre las aguas, es sólo por la gravedad. No habría océano, puesto que sus olas no estarían contenidas por la atracción terrestre; en fin, tampoco habría atmósfera, porque sus moléculas, al no ser retenidas por la gravedad, se dispersarían en el espacio.

—¡Triste es eso! —replicó Miguel—. No hay como esta gente positiva para volverle a uno bruscamente a la realidad.

—Pero consuélate, Miguel —añadió Barbicane—, porque si no hay astro alguno en que no existen las leyes de la gravedad, por lo menos vas a visitar uno en que aquélla es mucho menos que en la Tierra.

—¿La Luna?

—Sí, la Luna. Como su masa no es más que la sexta parte de la del globo terrestre y la gravedad es proporcional a las masas, los objetos pesan allí seis veces menos.

—¿Y lo advertiremos nosotros? —preguntó Miguel.

—Indudablemente, supuesto que 200 kilogramos no pesan más que 30 en la superficie de la Luna.

—¿Y no disminuirá nuestra fuerza muscular?

—De ningún modo; en lugar de elevarte a un metro, saltando, te elevarás a dieciocho pies de altura.

—¡Entonces seremos Hércules en la Luna! —exclamó Miguel.

—Seguramente —respondió Nicholl—; tanto más cuanto que si la estatura de los selenitas es proporcionada a la masa de su globo, tendrán apenas un pie de altura.

—¡Liliputienses! —replicó Miguel—. ¡Voy a hacer, pues, el papel de Gulliver! ¡Vamos a realizar la fábula de los gigantes! Ved ahí la ventaja de abandonar el planeta propio y recorrer el mundo solar.

—Escucha un momento, Miguel —respondió Barbicane—; si quieres hacer de Gulliver, no visites más que los planetas inferiores, como Mercurio, Venus o Marte, cuya masa es menor que la de la Tierra. Pero no te arriesgues a visitar los planetas grandes, como Júpiter, Saturno, Urano o Neptuno, porque entonces se trocarían los papeles, y serías, tú el liliputiense. En el Sol, si su densidad es cuatro veces menor que la de la Tierra; su volumen es unas trescientas veinticinco mil veces mayor y la atracción veinticinco veces más fuerte que en la superficie de nuestro globo. De manera que guardadas todas las proporciones, los habitantes deberían tener, por término medio, doscientos pies de altura.

—¡Demonio! —exclamó Miguel—. Allá no sería yo más que un pigmeo.

—Gulliver entre los gigantes —dijo Nicholl.

—Cabalmente —dijo Barbicane.

—Y no sería inútil llevar piezas de artillería para defenderse.

—¡Bah! —replicó Barbicane—. Tus balas no harían efecto alguno en el Sol y caerían al suelo a los pocos metros.

—¡Qué cosa más increíble! Se me antoja una fantasía.

—Pero cierta —respondió Barbicane—. La atracción es tan grande en aquel astro enorme, que un objeto de peso de 70 kilogramos en la Tierra, pesaría 1.930 en la superficie del Sol. Un sombrero, 10 kilogramos, tu cigarro media libra y en fin, si tú cayeras al suelo en el continente solar, no podríamos levantarte, porque tu peso sería de 2.500 kilogramos.

—¡Demonios! —exclamó Miguel—. Sería necesario entonces llevar consigo una cabria. Pues bien, amigos míos, contentémonos por hoy con la Luna allí a lo menos haremos un buen papel. Más adelante veremos si nos conviene ir al Sol, donde no puede uno beber sin el auxilio de un cabrestante para llevarse la copa a los labios.

Capítulo IX:
Consecuencias de una desviación

Ya estaba tranquilo Barbicane, si no por el éxito del viaje, a lo menos por la fuerza impulsiva del proyectil. Su velocidad virtual le arrastraba más allá de la línea neutral; por consiguiente, ni volvía a la Tierra, ni se quedaba inmóvil en el punto de atracción. Una sola hipótesis faltaba realizar: la llegada del proyectil a su blanco, bajo la acción de la atracción lunar.

En realidad era una caída de 8.296 leguas sobre un astro en que seguramente la gravedad no es sino la sexta parte de la Tierra, sin embargo, una caída formidable, contra la cual convenía tomar toda clase de precauciones.

Estas precauciones podían ser de dos clases: unas debían amortiguar el golpe en el momento en que el proyectil tocase el suelo lunar; y las otras habían de retardar su caída, haciéndola, por consiguiente, menos violenta.

Era una lástima que Barbicane no hubiera podido emplear para amortiguar el golpe los medios que tan bien habían atenuado el choque de salida, es decir, el agua empleada como muelle, y los tabiques movibles. Los tabiques resistían, pero faltaba el agua, ya que no se podía emplear en aquella mole la que quedaba, ya que era indispensable para el caso que les faltase en los primeros días de estancia en el suelo lunar.

Es más, aquel repuesto habría sido insuficiente para servir de muelle; porque la capa de agua encerrada en el proyectil al tiempo de su partida y en que descansaba el disco impermeable, no ocupaba menos de tres pies de altura en una superficie de cincuenta pies cuadrados; medía seis metros cúbicos de volumen y pesaba cinco mil setecientos cincuenta kilogramos; mientras que los recipientes no contenían ni la quinta parte. Por consiguiente, había que renunciar a este medio de amortiguar el choque de llegada.

Por fortuna, Barbicane, no contento con emplear el agua, había provisto al disco movible de topes de muelle destinados a debilitar el choque contra el fondo cuando desaparecieron los tabiques horizontales. Estos topes existían todavía, y bastaba apretarlos y colocar en su sitio el disco movible. Todas aquellas piezas, fáciles de manejar, porque su peso era apenas sensible, podían volver a montarse rápidamente.

Así se llevó a cabo; las diversas piezas se reunieron sin dificultad por medio de pasadores y tuercas. En un momento se encontró el disco descansando en sus topes de acero, como una mesa en sus pies. La colocación del disco tenía un inconveniente, que era el quedar cubierto el disco inferior, con lo cual los viajeros se veían en la imposibilidad de observar la Luna por aquella obertura, cuando fueran precipitados perpendicularmente hacia ella. Pero tenían que resignarse; además, por las aberturas laterales también se podían examinar en gran parte las vastas regiones lunares como se ve en la Tierra desde la barquilla de un globo aerostático.

La disposición del disco exigió una hora de trabajo; así que eran más de las doce del día cuando se terminaron los preparativos. Barbicane hizo nuevas observaciones sobre la inclinación del proyectil pero con gran disgusto suyo, éste no se había vuelto lo suficiente para una caída y más bien parecía seguir una curva paralela al disco lunar. El astro de la noche brillaba espléndidamente en el espacio mientras del lado opuesto el astro del día lo incendiaba con sus fuegos.

No dejaba de ser alarmante la situación.

—¿Llegaremos? —preguntó Nicholl.

—Hagamos como si hubiéramos de llegar —respondió Barbicane.

—Son ustedes unos agonizantes —replicó Miguel Ardán—. Llegaremos, y más prisa de lo que quisiéramos.

Esta respuesta impulsó a Barbicane a volver a su trabajo preparatorio y dedicó a disponer los aparatos necesarios para retardar la caída.

No se habrá olvidado el altercado del mitin celebrado en Tampa Town, en la Florida, cuando el capitán Nicholl se presentó como enemigo de Barbicane y adversario de Miguel Ardán. A las afirmaciones del capitán Nicholl, que se empeñaba en sostener que el proyectil se haría pedazos, contestaba Miguel que retardaría su caída por medio de cohetes convenientemente dispuestos.

Y en efecto, era fácil comprender que disparando en la parte exterior del fondo del proyectil cohetes de gran potencia, no podían menos de producir un movimiento de retroceso que disminuyera considerablemente la velocidad de aquél. Dichos cohetes debían arder en el vacío, pero no les faltaba oxígeno, porque habían de producirlo ellos mismos como volcanes lunares, cuya deflagración nunca ha dejado de verificarse por falta de atmósfera en la Luna.

Así, pues, Barbicane se había provisto de cohetes de esta especie encerrados en cañoncitos de acero en forma de rosca, que podían atornillarse en el fondo del proyectil; por la parte interior no sobresalían de este fondo; por la exterior sobresalían medio pie. Se colocaron veinte, y una abertura practicada al efecto en el disco permitía encender la mecha de que cada cual iba provisto, produciéndose así todo el efecto por la parte de afuera. Las mechas inflamables se habían puesto de antemano muy forzadas en cada cañón. No faltaba, pues, sino quitar los obturadores mecánicos ajustados en el fondo y reemplazarlos por los cañoncitos, que ajustaban también exactamente.

Esta nueva operación se concluyó a eso de las tres; y tomadas estas precauciones, ya sólo quedaba esperar.

Mientras tanto, el proyectil se acercaba visiblemente a la Luna, cuya influencia sentía en cierta proporción; pero su propia velocidad le remolcaba también en línea oblicua. La resultante de estas dos influencias era una línea que podía convertirse en una tangente. Pero no cabía duda de que el proyectil no caía normalmente en la superficie de la Luna, porque su parte inferior, en razón de su mismo peso, debía hallarse vuelta hacia ella.

Se acrecentaba la inquietud de Barbicane al ver que el proyectil resistía a las influencias de la gravitación. El sabio, que creía haber previsto todas las hipótesis posibles, la vuelta a la Tierra, la caída a la Luna y la detención en la línea neutral se encontraba de improviso con una cuarta nueva hipótesis, preñada de terrores, porque era lo desconocido, lo infinito. Para pensarlo, sin acobardarse, precisaba ser un flemático como Nicholl o un aventurero audaz como Miguel Ardán.

Hablaron de este asunto. Otros hombres cualesquiera, hubieran considerado la cuestión desde el punto de vista más práctico, tratando de averiguar a dónde les conducía el proyectil. Pero ellos no lo hicieron así; lo primero de que trataron fue de la causa que habría producido aquel efecto.

—¿Es decir que hemos descarrilado? —preguntó Miguel—. Pero ¿por qué?

—Mucho me temo —respondió Nicholl— que a pesar de todas las precauciones tomadas, el columbiad no haya sido bien apuntalado. Un error por pequeño que sea, basta para lanzarnos fuera de la atracción lunar.

—¿Conque habrán apuntado mal? —preguntó Miguel.

—No lo creo —respondió Barbicane—. La perpendicular del cañón era perfecta y su dirección al cenit de aquel sitio completamente exacta. Pues bien, pasando la Luna por el cenit, debíamos llegar a ella de lleno. Hay alguna otra razón, pero no doy con ella.

—Llegaremos quizá demasiado tarde —indicó Nicholl.

—¿Demasiado tarde? —dijo Barbicane.

—Sí —respondió Nicholl—. La nota del observatorio de Cambridge expresa que la travesía debe realizarse en noventa y siete horas, trece minutos y veinte segundos. Lo cual quiere decir que la Luna, no habría llegado antes al punto indicado, y más tarde habría pasado ya. ¿No crees que es así?

—Conforme —respondió Barbicane—; pero salimos, el primero de diciembre a las 11 menos 3 minutos y 20 segundos de la noche, y debemos llegar el 5, a las doce en punto de la noche en el momento de estar la Luna llena. Ahora bien, son las tres y media de la tarde, y ocho horas y media debían ser suficientes para conducirnos al, punto de destino; ¿por qué no hemos de llegar?

—¿No será un exceso de velocidad? —respondió Nicholl—. Porque la velocidad inicial ha sido mayor de lo que suponía.

—¡No y cien veces no! —replicó Barbicane—. Un exceso de velocidad, si la dirección del proyectil hubiera sido buena no nos habría impedido llegar a la Luna.

—¿Por quién y por qué? —preguntó Nicholl.

—No puedo decirlo —respondió Barbicane.

—Pues bien, Barbicane —dijo entonces Miguel—, ¿quieres saber lo que pienso acerca del motivo de esta desviación?

—Habla.

—¡No daría medio dólar por saberlo! ¡Nos hemos desviado, ésa es la cosa! ¿A dónde vamos? ¡No me importa! Ya lo veremos. ¡Qué diablo! Puesto que vamos atravesando el espacio, acabaremos por caer en un centro cualquiera de atracción.

Esa indiferencia de Miguel Ardán no podía satisfacer a Barbicane; y no porque le inquietara lo porvenir, sino porque a toda costa quería saber por qué se había desviado el proyectil.

Entretanto, éste continuaba marchando en sentido lateral a la Luna, y con él todos los objetos arrojados al exterior. Barbicane, tomando puntos de mira en la Luna, cuya distancia era inferior a dos mil leguas, pudo cerciorarse de que su velocidad era uniforme. Nueva prueba de que no habría caída.

Los tres amigos, no teniendo otra cosa que hacer, continuaron sus observaciones. Pero aún no podían determinar las disposiciones topográficas satélite. Todas las desigualdades se nivelaban bajo la protección de los rayos solares.

Así estuvieron observando por los cristales laterales hasta las ocho de la noche. La Luna había aumentado de tal manera, que cubría la mitad del firmamento. El Sol por un lado y el astro de la noche por otro, inundaban de luz el proyectil.

En aquel momento Barbicane creyó poder apreciar en setecientas leguas solamente la distancia que los separaba de su objeto. La velocidad del proyectil parecía ser de unos doscientos metros por segundo, o sea poco más o menos ciento setenta leguas por hora. El fondo del proyectil se inclinaba hacia la Luna obedeciendo a la fuerza centrípeta; pero la fuerza centrífuga dominaba siempre, siendo por tanto probable que la trayectoria rectilínea se trocara en una curva cualquiera, cuya naturaleza no era posible determinar, desde luego.

Barbicane insistía en buscar la solución de su irresoluble problema: las horas pasaban sin resultado, el proyectil se acercaba visiblemente a la Luna; pero era también visible que no llegaría a ella. En cuanto a la distancia más corta a que llegaría, debía ser la resultante de las dos fuerzas atractiva y repulsiva que solicitaban el móvil.

—Yo sólo pido una cosa —decía Miguel—: pasar lo bastante cerca de la Luna para penetrar sus secretos.

—Maldita sea entonces —exclamó Nicholl— la causa que ha hecho desviar nuestro proyectil.

—Maldito sea también —respondió Barbicane, como se le ocurriera de repente— aquel bólido que nos hemos encontrado en el camino.

—¡Eh! —dijo Miguel.

—Quiero decir —respondió Barbicane, con acento de convicción— que nuestra desviación se debe exclusivamente al encuentro de aquel cuerpo errante.

—Ni siquiera nos ha tocado —respondió Miguel.

—¿Y qué importa? Su masa, comparada con la de nuestro proyectil, era enorme, y su atracción ha sido suficiente para influir en nuestra dirección.

—¿Tan poca cosa? —exclamó Nicholl.

—Sí, amigo Nicholl; pero por poco que fuera, en una distancia de ochenta y cuatro mil leguas, no hacía falta más para apartarnos de nuestro camino.

Capítulo X:
Los observadores de la Luna

Sin duda había comprendido Barbicane la verdadera causa de aquella desviación; por pequeña que fuera, bastante para modificar la trayectoria del proyectil. Era una lástima; la tenaz tentativa abortada por una circunstancia enteramente casual, y de no sobrevenir acontecimientos excepcionales no podían llegar al disco lunar los viajeros. ¿Pasarían, sin embargo, lo bastante cerca para poder resolver ciertos problemas de física o de geología, no resueltos aún? Esto era lo único que preocupaba ya a los atrevidos viajeros. En cuanto a la suerte que lo por venir les reservaba, ni siquiera querían pensar en ella. No obstante, ¿qué sería de ellos en medio de aquellas soledades infinitas, cuándo el aire iba a faltarles de un momento a otro? Al cabo de unos cuantos días era posible que cayeran asfixiados en aquel proyectil errante a la ventura. Pero aquellos pocos días eran dignos para hombres tan intrépidos como ellos, que consagraban todos sus instantes a observar la Luna, ya que no esperaban llegar a ella.

La distancia que a la sazón separaba al proyectil del satélite fue calculada en doscientas leguas aproximadamente. En estas condiciones no eran, sin embargo, los detalles de la Luna tan visibles para ellos como lo son para los habitantes de la Tierra provistos de telescopios potentes.

En efecto, el instrumento montado por John Rosse en Parsonton, y que aumentaba el tamaño de los objetos seis mil quinientas veces, acerca la Luna a la distancia de dieciséis leguas; además, con el potente aparato establecido en Long's Park el astro de la noche, aumentado hasta cuarenta y ocho mil veces, se acercaba hasta menos de dos leguas, pudiéndose distinguir perfectamente los objetos de diez metros de diámetro.

Por lo tanto, a la distancia que se encontraban, los detalles topográficos dé la Luna observados sin anteojos no estaban determinados sensiblemente. La vista abarcaba el extenso contorno de aquellas inmensas depresiones llamadas impropiamente mares, pero no se podía reconocer su naturaleza. La prominencia de las montañas desaparecía en la espléndida irradiación producida por la reflexión de los rayos solares, y que deslumbraba la vista hasta el punto de no poderla resistir.

Sin embargo, ya se distinguía la forma oblonga del astro, que parecía un huevo gigantesco, cuyo extremo más agudo miraba a la Tierra. En efecto, la Luna, líquida o maleable en los primeros días de su formación, tenía la forma de una esfera perfecta; pero al poco tiempo, solicitada por el centro de atracción de la Tierra, se prolongó por la influencia de la gravedad. Al convertirse en satélite, perdió la pureza nativa de sus formas, su centro de gravedad se adelantó al centro de la figura; y de esta disposición dedujeron algunos sabios la consecuencia de que el aire y el agua podría haberse refugiado en la cara opuesta de la Luna, que nunca es visible desde la Tierra.

Esta alteración de las formas primitivas del satélite no fue sensible sino durante unos cuantos minutos. La distancia del proyectil a la Luna disminuía con gran rapidez, por efecto de su velocidad, que, si bien inferior en mucho a la inicial, era ocho o nueve veces superior a la que llevaban los trenes especiales de los ferrocarriles. La dirección oblicua del proyectil por razón de esta misma oblicuidad, dejaba todavía a Miguel Ardán alguna esperanza de tropezar con un punto cualquiera del disco lunar. No podía creer que no hubiera de llegar, y así lo repetía a cada momento, pero Barbicane, mejor juez en la materia, no cesaba de repetirle con implacable lógica.

—No, Miguel; no podemos llegar a la Luna sino por una caída, y no caemos. La fuerza centrípeta nos mantiene bajo la influencia lunar, pero la centrífuga nos aleja irresistiblemente.

Esto fue dicho a Miguel en un tono que hizo perder al mismo sus últimas esperanzas.

La parte de la Luna a donde se acercaba el proyectil era el hemisferio boreal; el que los mapas selenográficos colocan en la parte inferior; porque estos mapas están generalmente formados con arreglo a las imágenes que dan los anteojos, los cuales, como es sabido, invierten la dirección de los objetos. Tal era el Mappa selenographica que consultaba Barbicane. Este hemisferio septentrional presentaba extensas llanuras sembradas de montañas aisladas.

A las doce de la noche, la Luna estaba llena; en aquel momento hubieran debido poner el pie en ella los viajeros si el maldito bólido no les hubiera desviado en su dirección. El astro llegaba, pues, en las condiciones rigurosamente determinadas por el observatorio de Cambridge; se encontraba matemáticamente en su perigeo y en el cenit del 28 paralelo. Un observador colocado en el fondo del enorme columbiad asestado perpendicularmente al horizonte hubiera visto la Luna en la boca del cañón; una línea recta trazada desde el eje de la pieza habría atravesado el centro del astro de la noche.

Creemos inútil decir que en toda aquella noche del 5 al 6 de diciembre, no descansaron un instante los viajeros. ¿Habrían podido cerrar los ojos tan cerca de aquel nuevo mundo? No. Todos sus sentimientos se concentraban en un solo pensamiento: ¡Ver! Como representantes de la Tierra, de la Humanidad pasada y presente, que resumían en sí la raza humana, miraban por sus ojos aquellas regiones lunares cuyos secretos intentaban penetrar. Se hallaban poseídos de una profunda emoción y no hacían más que ir de un cristal a otro.

Sus observaciones, reproducidas por Barbicane, fueron rigurosamente determinadas. Para hacerlas, disponían de anteojos; para comprobarlas, tenían mapas.

El primer observador de la Luna fue Galileo. Su insuficiente anteojo sólo aumentaba treinta veces el tamaño del astro. Sin embargo, en las manchas que salpicaban el disco lunar «como los ojos que marcan la cola de un pavo real» fue el primero que reconoció montañas y aun midió la altura de algunas, a las cuales atribuyó exageradamente una elevación casi igual a la vigésima parte del diámetro del disco, o sea ocho mil ochocientos metros. Galileo no trazó ningún mapa que reprodujera sus observaciones.

Años después, un astrónomo de Dantzig, Hevelius, empleando procedimientos que sólo eran exactos dos veces al mes, en la primera y segunda cuadratura, redujo las alturas encontradas por Galileo a sólo una vigésima sexta parte del diámetro lunar, lo cual era también una exageración aunque en otro sentido. Pero a aquel sabio se debe el primer mapa de la Luna. Las manchas claras y redondas forman en él las montañas circulares, y las manchas oscuras, mares extensos, que en realidad no son sino llanuras.

A aquellas montañas y a aquellas tablas de agua les dio denominaciones terrestres.

Así se ve figurar en su mapa un Sinaí en medio de una Arabia, un Etna en el centro de una Sicilia, Alpes, Apeninos, Cárpatos, el Mediterráneo, el Palus Meotides, el Ponto Euxino y el mar Caspio; nombres por lo demás, mal aplicados, porque ni aquellas montañas ni aquellos mares presentan la configuración de sus homónimos en la Tierra. Difícilmente podría reconocerse en una gran mancha blanca unida por el sur a extensos continentes y acabada en punta, la imagen invertida de la península india del golfo de Bengala y de la Conchinchina. Así, estos nombres no se conservaron. Otro cartógrafo, más conocedor del corazón humano, propuso una nueva nomenclatura, que la vanidad de los hombres se apresuró a adoptar.

Fue este observador el padre Riccioli, contemporáneo de Hevelius, quien trazó un mapa grosero y plagado de errores; pero puso a las montañas de la Luna los nombres de diferentes personajes célebres de la Antigüedad y de sabios de su época, uso muy admitido después.

En el siglo XVII, Domingo Cassini formó un tercer mapa de la Luna, superior al de Riccioli en la ejecución, aunque inexacto en las medidas. Se publicaron de él varias ediciones; pero las planchas, conservadas largo tiempo en la Imprenta Real de París, se vendieron al fin como cobre viejo.

La Hire, célebre matemático y dibujante, trazó un mapa de la Luna de cuatro metros de alto, que nunca fue grabado.

Después de él un astrónomo alemán, Tobías Mayer, emprendió, a mediados del siglo XVIII, la publicación de un magnífico mapa selenográfico, arreglado a las medidas lunares rigurosamente rectificadas por él; pero su muerte, acaecida en 1762, le impidió terminar tan excelente obra.

Vienen luego Schroeter de Lilienthal, que bosquejó diferentes mapas de la Luna, y un tal Lohrinann, de Dresde, a quien se debe una lámina divina en veinticinco secciones, cuatro de las cuales se grabaron.

En 1830, Beer y Moedler compusieron su célebre Mappa selenographica siguiendo una proyección ortográfica. Este mapa reproduce exactamente el disco solar, tal y como aparece; únicamente la configuración de las montañas y de las llanuras es exacta sólo en su parte central; en todo lo demás, en las partes centrales y meridionales, orientales u occidentales, aquellas configuraciones presentadas en reducción, no pueden compararse a las del centro. Este mapa topográfico, que tiene noventa y cinco centímetros de altura y se encuentra dividido en cuatro partes, es la obra maestra de la cartografía lunar.

A más de las obras de estos sabios, se citan los relieves selenográficos del astrónomo alemán Julio Schinidt, los trabajos topográficos del padre Secchi, las magníficas pruebas del aficionado inglés Waren de la Due, y, finalmente, un mapa sobre proyección ortográfica de los señores Lecouturier y Chapuis, hermoso modelo trazado en 1860, de dibujo exactísimo y muy clara disposición.

Tal es el catálogo de los diferentes mapas relativos al mundo lunar, Barbicane poseía dos, el de Beer y Moedler, y el de Chapuis y Lecouturier; con el auxilio de ambos debía facilitarse sus trabajos de observador.

En cuanto a los instrumentos de óptica de que disponían, eran excelentes anteojos marinos, preparados especialmente para aquel viaje. Su fuerza llegaba a aumentar cien veces el tamaño de los objetos, lo que equivale a decir que hubiera hecho ver en la Tierra a la Luna a distancia de unas mil leguas. Pero entonces encontrarse los observadores a cosa de las tres de la madrugada, a menos de ciento veinte kilómetros del astro, y sin el intermedio de atmósfera alguna que les perjudicara la visión, los instrumentos debían acercar la superficie lunar a unos mil quinientos metros de distancia.

Capítulo XI:
Fantasía y realidad

—¿Has visto alguna vez la Luna? —preguntaba irónicamente un profesor a su discípulo.

—No, señor —replicó éste, más irónicamente aún—, pero debo confesarle que he oído hablar de ella alguna vez.

La mayor parte de los seres sublunares podían dar formalmente esta respuesta. ¡Cuántas personas han oído hablar de la Luna sin haberla visto nunca, por lo menos a través de un telescopio! ¡Cuántos no han visto jamás un mapa de su satélite!

Si se mira un mapa selenográfico, una cosa llama la atención ante todo. Al revés de lo que sucede en la Tierra o en Marte, los continentes ocupan más particularmente el hemisferio Sur del globo lunar; y no se presentan esas líneas terminales, tan claras y tan regulares, que dibujan la América Meridional, el África y la península india. Sus costas angulosas, caprichosas y profundamente festoneadas, abundan en golfos y penínsulas, presentando con bastante analogía el aspecto confuso de las islas de la Sonda, donde las tierras se encontraban excesivamente divididas. Si alguna vez ha habido navegación en la superficie de la Luna debió de ser muy difícil y peligrosa, y hay que compadecer a los marinos y a los hidrógrafos selenitas; a los unos cuando hubieran de acercarse a tan peligrosos fondeaderos, a los otros cuando tuvieron que levantar los planos de tan irregulares costas.

También se verá que en el esferoide lunar el Polo Sur es mucho más continental que el Polo Norte. En este último no existe más que un ligero casquete de tierras, separadas de los otros continentes por mares extensos. Hacia el Sur los continentes cubren casi todo el hemisferio; es, pues posible que los selenitas hayan plantado ya su pabellón en uno de los polos, mientras que los Franklin, los Rosse, y los Kane, los Dumont d'Urville, los Lambert y tantos otros se han esforzado inútilmente en encontrar ese punto desconocido de nuestro globo terrestre.

Por lo que se refiere a las islas, abundan muchísimo en la superficie lunar. Casi todas tienen figura oblonga o circular, como si estuvieran trazadas a compás, y forman como un gran archipiélago que sólo puede compararse con ese grupo encantador esparcido entre Grecia y el Asia Menor y que la mitología animó en tiempos antiguos con sus interesantes leyendas. Acuden, sin querer, a la memoria los nombres de Naxos, Tenedos, Cárpatos, y los ojos buscan el navío de Ulises o el clipper de los Argonautas. Esto es, por lo menos, lo que pedía Miguel Ardán, porque veía un archipiélago griego en el mapa. A los ojos de sus compañeros, no tan entusiastas como él, el aspecto de aquellas costas recordaba más bien a las tierras fraccionadas de Nueva Brunswick y de la Nueva Escocia; y donde el francés encuentra la huella de los héroes fabulosos, los americanos marcaban sitios a propósito para el establecimiento de factorías beneficiosas al comercio y a la industria lunares.

Para terminar la descripción de la parte continental de la Luna bastarán algunas palabras sobre su disposición orográfica. Se distinguen con mucha claridad en ella las cordilleras, las montañas aisladas, los circos y las fallas. Todo el relieve lunar se encuentra comprendido en esta división, y es sumamente quebrado, pudiéndose comparar con una Suiza dilatada o una Noruega continua, formada totalmente por la acción plutónica. Aquella superficie, tan profundamente desigual, es el resultado de las continuas contracciones de la corteza, en la época en que el astro se encontraba en vías de formación. El disco lunar es a propósito para el estudio de los grandes fenómenos geológicos. Como lo hacen notar algunos astrónomos, su superficie, aunque más antigua que la de la Tierra, se ha conservado más nueva. Allí no hay aguas que estropeen el relieve primitivo, y cuya acción creciente produzca una especie de nivelación general, ni aire cuya actividad disgregadora modifique los perfiles orográficos, Allí el trabajo plutónico, no alterado por las fuerzas neptunianas, se encuentra en toda su pureza nativa. Como en la Tierra tal y como debía de ser antes de que las mareas y las corrientes la hubieran cubierto de capas sedimentarias.

Después de recorrer aquellos vastos continentes la mirada se fija en los mares, más extensos aún. No sólo su conformación, su situación y su aspecto, recuerdan al de los océanos terrestres, sino que, además, como sucede en la Tierra, dichos mares ocupan la mayor parte del globo, y sin embargo, no son espacios líquidos sino llanuras, cuya naturaleza esperaban los viajeros determinar muy pronto.

Los astrónomos han adornado a esos supuestos mares con nombres de los más extraños, y que la ciencia, sin embargo, ha respetado hasta hoy. Miguel Ardán tenía razón al comparar aquel mapa con un «mapa de la Ternura» como pudieran haberlo formado la Scudery o Cyrano de Bergerac.

—Sólo que —añadía— éste ya no es el mapa del sentimiento como en el siglo diecisiete; es el mapa de la Vida, perfectamente dividido en dos partes, la una femenina, masculina la otra. A las mujeres, el hemisferio de la derecha, a los hombres, el de la izquierda.

Los compañeros de Miguel se encogían de hombros, porque consideraban el mapa lunar desde un punto de vista muy distinto que su poético amigo; y sin embargo, éste no dejaba de tener razón, como puede juzgarse.

En el hemisferio de la izquierda se extiende el Mar de los Nublados, en que tantas veces va a ahogarse la razón humana. No lejos de allí aparece el Mar de las Lluvias, alimentado por todas las agitaciones de la vida. Más allá se abre el Mar de las Tempestades, en que el hombre lucha sin cesar contra sus pasiones, las más de las veces victoriosas. Después, consumido por los desengaños, las traiciones, las infidelidades, y toda la serie de penalidades terrestres, ¿qué encuentra al fin de su carrera?, ese vasto Mar de los Humores, dulcificados apenas por algunas gotas de agua del Golfo del Rocío. Nubes, lluvias, tempestades, humores; ¿contiene otra cosa la vida del hombre, y no se resume en esas cuatro palabras?

El hemisferio de la derecha dedicado a las mujeres, encierra mares más reducidos, cuyos significativos nombres expresan todos los incidentes de una existencia femenina. El Mar de la Serenidad es aquel en que se mira la joven, y el Lago de los Sueños, es el que le refleja a un porvenir sonriente. Vienen luego el Mar del Néctar con sus oleadas de ternura y sus brisas de amor. El Mar de la Fecundidad, el Mar de las Crisis, el Mar de los Vapores, cuyas dimensiones son demasiado reducidas quizá; y por fin, el extenso Mar de la Tranquilidad, donde son absorbidas todas las falsas pasiones, todos los sueños inútiles, todos los deseos no satisfechos, y cuyos torrentes se derraman por último en el Lago de la Muerte.

¡Qué extraña sucesión de nombres! ¡Qué singular división la de estos dos hemisferios de la Luna, unidos uno a otro como el hombre y la mujer, y formando esa esfera de vida transportada al espacio! ¿No tenía el poético Miguel sobrada razón para interpretar así toda aquella fantástica poesía de los antiguos astrónomos?

Pero mientras su imaginación recorría de este modo los mares, sus graves compañeros consideraban las cosas más geográficamente, aprendían de memoria aquel nuevo mundo, y medían sus ángulos y sus diámetros.

Para Barbicane y Nicholl, el Mar de los Nublados era una inmensa depresión del terreno, sembrado de cierto número de montañas circulares, que cubría una gran porción de la parte occidental del hemisferio Sur, ocupando ciento ochenta y cuatro mil ochocientas leguas cuadradas, y teniendo su centro en los 15° de latitud Sur y 20° de longitud Oeste. El Océano de las Tempestades, Oceanus Procellarum, la llanura más extensa del disco lunar, ocupaba una superficie de trescientas veintiocho mil trescientas leguas cuadradas, encontrándose situado su centro en los 10° de latitud Norte y 45° de longitud Este. De su seno se alzaban las admirables montañas radiantes del Mar de los Nublados por altas cordilleras, se extendía el Mar de las Lluvias, Mare Imbrium, con su punto céntrico a los 35° de latitud septentrional y 20° de longitud oriental; era de forma casi circular, y cubría un espacio de ciento noventa y tres mil leguas cuadradas. No lejos de él el Mar de los Humores, Mare Humorum, pequeña cavidad de cuarenta y cuatro mil doscientas leguas cuadradas, se hallaba situado a los 25° de latitud Sur y 40° de longitud Este. Por último en el mismo litoral de aquel hemisferio se dibujaban tres golfos más, el golfo Tórrido, el golfo del

Rocío, el golfo de los Lirios, llanuras de poca extensión encerradas entre elevadas cordilleras.

El hemisferio femenino, naturalmente más caprichoso, se distinguía por sus mares más pequeños y en mayor número. Eran éstos, hacia el Norte, el, mar del Frío, Mare Frigoyis, hacia los 50° de latitud y 0° de longitud, con una superficie de setenta y seis mil leguas cuadradas, que confinaba con el lago de la Muerte y también con el lago de los Sueños; el mar de la Serenidad, Mare Serenitatis, a los 25° de latitud Norte y 20° de longitud Oeste, con una superficie de ochenta y seis mil leguas cuadradas; el mar de las Crisis, Mare Crisium, perfectamente limitado y muy redondo, que comprendía los 17° de latitud Norte y los 55° de latitud Este; una superficie de cuarenta mil leguas cuadradas, verdadero Caspio sepultado en medio de un anfiteatro de montañas. Después, en el Ecuador, a los 5° de latitud Norte y 25° de longitud Oeste, aparecía el mar de la Tranquilidad, Mare Tranquilitatis, con una superficie de ciento veintiuna mil quinientas nueve leguas cuadradas. Este mar comunica por el Sur con el mar del Néctar, Mare Nectaris, extensión de veintiocho mil ochocientas leguas cuadradas a los 15° de latitud y 25° de longitud Oeste; y por el Este con el mar de la Fecundidad, Mare Fecunditatis, el más extenso de aquel hemisferio, puesto que ocupa doscientas diecinueve mil trescientas leguas cuadradas, a los 3° de latitud Sur y 50° de longitud Oeste. Finalmente, al Norte y al Sur se distinguían, además; otros dos mares, el mar de Humboldt, Mare Humboldtianum, de superficie de seis mil leguas cuadradas, y el mar Austral, Mare Australe, con una superficie de veintiséis mil.

En el centro del disco lunar y cabalgando sobre el Ecuador y el meridiano cero, se abría el golfo del Centro, Sinus

Medu, especie de lazo de unión entre ambos hemisferios.

De este modo se descomponía a los ojos de Barbicane y de Nicholl la superficie siempre visible del satélite de la Tierra. Cuando reunieron aquellas medidas, calcularon que la superficie de aquel hemisferio era de cuatro millones setecientas treinta y ocho mil ciento sesenta leguas cuadradas, de las cuales tres millones trescientas diecisiete mil seiscientas las componían los volcanes, las cordilleras, los circos, las islas, en una palabra cuanto parecía formar la parte sólida de la Luna; y un millón cuatrocientas diez mil cuatrocientas leguas los mares, lagos, pantanos, lo que parecía constituir la parte líquida. Todo lo cual era completamente indiferente al bueno de Miguel.

Vemos, pues, que ese hemisferio es tres veces y media más pequeño que el hemisferio terrestre; y sin embargo, los selenógrafos han contado ya en él más de cincuenta mil cráteres. Es, por tanto, una superficie aburbujada, resquebrajada, una criba o espumadera en toda la extensión de la palabra, y digna de la calificación poco poética que le han dado los ingleses, de green cheese, que quiere decir «queso verde».

—¡Véase —dijo Ardán— cómo tratan los anglosajones del siglo XIX a la rubia Febe, a la amable Isis, a la hechicera Astarté, a la reina de la noche, a la hija de Latona y de Júpiter, a la hermana menor del radiante Apolo!

Capítulo XII: Detalles orográficos

Como ya hemos hecho observar, la trayectoria que seguía el proyectil los arrastraba hacia el hemisferio septentrional de la Luna. Los viajeros se encontraban lejos de aquel punto central en que hubieran tenido que caer, si su trayectoria no hubiese sufrido una desviación irremediable.

Eran las doce y media de la noche. Barbicane calculé entonces su distancia en cuatrocientos kilómetros, distancia algo mayor que la extensión del radio lunar y que debía disminuir a medida que avanzaran hacia el Polo Norte. A la sazón el proyectil no se encontraba a la altura del Ecuador, sino a la del décimo paralelo, y desde aquella latitud, cuidadosamente tomada en el mapa, hasta el polo, Barbicane y sus dos compañeros pudieron observar la Luna en las mejores condiciones.

En efecto, con el auxilio de los anteojos, aquella distancia de mil cuatrocientos kilómetros quedaba reducida a catorce, o sea a cuatro leguas y media. El telescopio de las Montañas Rocosas acercaba más la Luna; pero la atmósfera terrestre disminuía considerablemente su potencia óptica. Así Barbicane, desde su proyectil, con el anteojo en la mano, veía ya ciertos detalles casi imposibles de apreciar por los observadores de la Tierra.

—Amigos míos —dijo entonces con gravé acento el presidente—, no sé dónde vamos ni si volveremos jamás a ver el globo terrestre. Sin embargo, procedamos como si nuestros estudios debieran servir algún día a nuestros semejantes. Procuremos tener el ánimo libre de todo cuidado. Somos astrónomos. Este proyectil es un gabinete del observatorio de Cambridge transportado al espacio; observemos.

Expresado esto empezaron a trabajar con una atención y precisión extremadas, y reprodujeron fielmente los diversos aspectos de la Luna a las distintas variables que el proyectil ocupaba respecto al astro.

Al mismo tiempo que el proyectil se encontraba a la altura del décimo paralelo Norte, parecía seguir rigurosamente la dirección del vigésimo grado de longitud Este.

Conviene hacer aquí una observación importante respecto del mapa que servía para las observaciones. En los mapas selenográficos, que a causa de la inversión de los objetos producidos por los anteojos presentan el Sur arriba y el Norte abajo, parecía natural que a consecuencia de esa inversión el Este se encontrase situado a la izquierda y el Oeste a la derecha. Sin embargo, no es así. Si se volviera el mapa y presentase a la Luna tal como aparece a simple vista, el Este se encontraría a la izquierda y el Oeste a la derecha, contrario de los mapas terrestres. El origen de esta anomalía es la siguiente: los observadores colocados en el hemisferio boreal, en Europa por ejemplo, ven la Luna en el Sur con relación a ellos. Cuando la observan vuelven la espalda al Norte, posición inversa de cuando examinan un mapa terrestre; y si dan la espalda al Norte, el Este se encuentra a su izquierda y el Oeste a su derecha. En cambio, el observador situado en el hemisferio austral, por ejemplo, en la Patagonia, tendrá a su izquierda el Oeste de la Luna y a su derecha el Este, puesto que se encontraban de espaldas al Sur.

He ahí la causa de esa aparente inversión de los dos puntos cardinales, y debe tenerse en cuenta para seguir las observaciones del presidente Barbicane.

Con ayuda del Mappa selenographica de Beer y Moedler los tripulantes procedían a reconocer en detalle la porción del disco que abarcaba su anteojo.

—¿Qué vemos en este instante? —preguntó Miguel.

—La parte septentrional del Mar de los Nublados —respondió Barbicane—. Estamos demasiado lejos para poder reconocer su naturaleza. Esas llanuras se componen sólo de arenas áridas, como lo han supuesto los primeros astrónomos, o son bosques inmensos, según la opinión de Waren de la Rue que atribuye a la Luna una atmósfera muy baja, pero muy densa. Esto lo sabremos más adelante; no afirmemos mientras no tengamos en qué fundar la afirmación.

El mar de los Nublados no está limitado con precisión exacta en los mapas. Se supone que esa inmensa llanura se encuentra sembrada de bloques de lava arrojados por volcanes inmediatos a su derecha como Tolomeo, Purbach y Arzachel. Pero el proyectil avanzaba y se acercaba sensiblemente, y pronto se distinguieron las cumbres que cierran aquel mar por su límite septentrional. Delante se alzaba una montaña magnífica cuya cima parecía perdida entre una erupción de rayos solares.

—¿Qué monte es ése? —preguntó Miguel.

—Copérnico —respondió Barbicane.

—Veamos a Copérnico.

Este monte, situado a los 9° de latitud Norte y 20° de longitud Este, se eleva a una altura de 3,438 metros sobre el nivel de la superficie de la Luna. Es muy visible desde la Tierra y los astrónomos lo pueden estudiar perfectamente, sobre todo durante la fase comprendida entre el último cuarto y el novilunio; porque entonces las sombras se proyectan ampliamente del Este al Oeste y permiten medir las alturas.

Copérnico forma el sistema radiado más importante del disco, después de Tycho, situado en el hemisferio meridional; y se alza aisladamente, como un faro gigantesco, en aquella porción del mar de los Nublados que confina en el mar de las Tempestades, e ilumina con su brillante irradiación dos océanos a la vez. Es un espectáculo sin igual al de aquellas largas ráfagas luminosas, tan deslumbradoras en el plenilunio, y que, pasando por el Norte, más allá de las cordilleras limítrofes, van a extinguirse en el mar de las Lluvias. A la una de la mañana terrestre el proyectil, como un globo arrastrado en el espacio, dominaba aquella soberbia montaña.

Barbicane pudo reconocer exactamente sus disposiciones principales. Copérnico se encuentra comprendido en la serie de montañas anulares de primer orden en la división de los grandes circos. Al igual que Kepler y Aristarco., que domina el océano de las Tempestades, se presenta a veces como un punto brillante a través de una luz cenicienta y en algún tiempo se creyó que era un volcán en erupción, Pero no es más que un volcán apagado, como todos los de aquella faz de la Luna. Su circunferencia presentaba un diámetro como de veintidós leguas. El anteojo descubría en él indicios de estratificaciones producidas por las erupciones sucesivas, y sus cercanías aparecían sembradas de fragmentos volcánicos, algunos de los cuales se mostraban todavía en el interior del cráter.

—En la superficie de la Luna —dijo Barbicane— hay varias clases de circos, y es fácil ver que Copérnico pertenece al género radiado. Si estuviéramos más cerca distinguiríamos los conos que la erizan por el interior y que en tiempos antiguos fueron otras tantas bocas ignígenas. Una circunstancia curiosa y constante del disco lunar es que la superficie interior de estos circos es notablemente más baja que la llanura exterior, al revés de la forma que presentan los cráteres terrestres. De lo que se deduce que la curvatura general del fondo de estos circos da una esfera de un diámetro inferior al de la Luna.

—¿Y a qué se atribuye esa disposición especial? —preguntó Nicholl.

—No se sabe —respondió Barbicane.

—¡Qué irradiación tan brillante! —repetía Miguel—. ¡Dudo que pueda verse un espectáculo más bello!

—¿Qué dirás, pues —respondió Barbicane—, si los azares de nuestro viaje nos arrastran al hemisferio meridional?

—¡Toma! ¡Diré que es más bello todavía! —contestó Miguel Ardán.

En aquel momento el proyectil dominaba el circo perpendicularmente. El contorno de Copérnico formaba un círculo casi perfecto, y sus picos escarpados se destacaban con la mayor claridad, distinguiéndose un doble recinto angular. Alrededor se extendía una llanura gris, de aspecto salvaje, cuyas prominencias sobresalían en forma de puntos amarillos. En el fondo del circo, y como encerrados en un estuche, centellearon un momento dos o tres conos eruptivos, como grandes joyas deslumbradoras. Hacia el Norte las rocas presentaban una depresión, que sin duda en otro tiempo más que remoto, daba paso al interior del cráter.

Al pasar por encima de la llanura inmediata pudo notar Barbicane un gran número de montañas poco importantes, y entre otras una forma anular denominada Gay-Lussac, que mide veintitrés kilómetros de ancho. Hacia el Sur, la llanura se mostraba muy plana, sin prominencias ni desigualdades. En cambio, por el Norte, y hasta el sitio en que confinaba con el Océano de las Tempestades, tenía el aspecto de una superficie líquida agitada por un huracán y cuyas olas se hubieran solidificado súbitamente. Sobre todo el conjunto y en todas direcciones se extendían las ráfagas luminosas que partían de la cumbre de Copérnico. Algunas presentaban una anchura de treinta kilómetros y una longitud incalculable.

Los viajeros discutían el origen de aquellos extraños rayos, y cómo los observadores terrestres, no podían determinar su naturaleza.

—Pero ¿por qué —decía Nicholl— no han de ser esos rayos simplemente los estribos de las montañas, que reflejan con más viveza la luz del Sol?

—No —respondió Barbicane—; porque si así fuese, en ciertas condiciones de la Luna, esos picos proyectarían sombras, y no las proyectan.

En efecto, semejantes rayos no aparecen sino en la época en que el astro del día se encuentra en oposición con la Luna, y desaparecen en cuanto sus rayos se hacen oblicuos.

—Pero ¿cómo explicarnos esas ráfagas de luz? —preguntó Miguel—. Porque no creo que los sabios dejen nunca de dar explicaciones.

—Sí —respondió Barbicane—, Herschel ha formulado una opinión, pero no me atrevo a afirmarla.

—No importa. ¿Qué opinión es ésa?

—Pensaba que esos rayos debían ser corrientes de lava solidificada, que brillaban cuando el Sol las acometía directamente; esto es posible, pero no seguro. Por lo demás, si pasamos cerca de Tycho, nos encontraremos en posición más conveniente para reconocer la causa de esa irradiación.

—¿Sabéis, amigos míos, a qué se parece esa llanura, vista desde la elevación en que estamos? —dijo Miguel.

—No —respondió Nicholl.

—Pues bien, con todos esos montones de lava largos como husos, parece un gran juego de palillos tirados unos sobre otros; no falta más que un gancho para ir cogiéndolos uno a uno.

—¡Nunca tendrás formalidad! —dijo Barbicane.

—Pues hablemos formalmente —repitió Miguel—, y en lugar de juncos, supongamos que son osamentas. En ese caso, la planicie no sería sino un osario inmenso en que reposarían los despojos mortales de mil generaciones extinguidas; ¿prefieres esta comparación de gran efecto?

—Tanto vale una como otra —respondió Barbicane.

—¡Diablo, qué delicado eres! —respondió Miguel.

—Amigo mío —siguió diciendo el positivo Barbicane—, poco importa saber a qué se parece eso, mientras no sepamos lo que es de veras.

—¡Muy bien dicho! —exclamó Miguel—. Eso me enseñará a discutir con los sabios.

Mientras tanto, el proyectil marchaba con una velocidad casi uniforme, a lo largo del disco lunar. Los viajeros, como fácilmente se comprende, no pensaban en descansar ni un momento. A cada momento se les presentaba un paisaje nuevo, que desaparecía luego de su vista. A eso de la una y media de la mañana, divisaron las cumbres de otra montaña; Barbicane, consultando el mapa, reconoció a Eratóstenes.

Era una montaña anular de cuatro mil quinientos metros de altura, y formaba uno de los circos más abundantes del satélite. A propósito de esto, Barbicane refirió a sus amigos la singular opinión de Képler sobre la formación de dichos circos. Según el célebre matemático, aquellas cavidades crateriformes debieron de ser abiertas por la mano del hombre.

—¿Y con qué objeto? —preguntó Nicholl.

—¡Con uno muy natural! —respondió Barbicane—. Los selenitas abrirían esos grandes agujeros con el objeto de refugiarse en ellos y guarecerse de los rayos solares, que les hieren durante quince días consecutivos.

—¡No son tontos los selenitas! —dijo Miguel.

—¡Vaya una idea! —respondió Nicholl—. Pero es probable que Képler no conociera las verdaderas dimensiones de esos circos; porque el abrirlos habría sido una obra de gigantes, impracticable para los selenitas.

—¿Por qué, si la gravedad en la superficie de la Luna es seis veces menos que en la Tierra? —dijo Miguel.

—¿Pero y sí los selenitas son seis veces más pequeños? —replicó Nicholl.

—¿Y si no hay selenitas? —añadió Barbicane.

Estas palabras terminaron el debate.

No tardó en desaparecer Eratóstenes bajo el horizonte, sin que el proyectil se hubiera cerrado lo suficiente para permitir una observación rigurosa. Aquella montaña separaba por completo los Apeninos de los Cárpatos.

En la orografía lunar se han distinguido varias cordilleras que se encontraban distribuidas principalmente en el hemisferio septentrional. Algunas, sin embargo, ocupan ciertas porciones del hemisferio sur.

Véase la tabla de estas diferentes cordilleras, indicadas al Sur y al Norte, con sus latitudes y sus alturas tomadas de las cimas de mayor elevación:

Monte Doerfel 84° 7.603 metros Monte Leibniz 65° 7.600 metros Monte Rok 20° a 30° 1.600 metros Monte Altail 17° a 28° 4.047 metros Monte Cordilleras 10° a 20° 3.398 metros Monte Pirineos 8° a 10° 3.632 metros Monte Ural 5° a 14° 838 metros Monte Alembert 4° a 10° 5.847 metros Monte Hoemus 8° a 21° 2.021 metros Monte Cárpatos 15° a 19° 1.939 metros Monte Apeninos 14° a 27° 5.501 metros Monte Tauro 21° a 28° 2.746 metros Monte Rifeos 25° a 33° 4.171 metros Monte Hercinios 17° a 29° 1.170 metros Monte Cáucaso 32° a 41° 5.567 metros Monte Alpes 42° a 49° 3.617 metros. De esas cordilleras, la más importante es la de los Apeninos, cuyo desarrollo es de ciento cincuenta leguas, desarrollo inferior, sin embargo, al de los grandes movimientos orográficos de la Tierra. Los Apeninos guarnecen la orilla oriental del mar de las Lluvias, y se continúan al Norte por los Cárpatos, cuyo perfil mide unas cien leguas.

Los viajeros no pudieron hacer más que vislumbrar la cumbre de los Apeninos, que se dibuja desde los 16° de longitud Oeste a los 16° de longitud Este; pero la cordillera de los Cárpatos se extendió bajo sus miradas desde los 18° a los 39° de longitud oriental, y pudieron determinar su distribución. Hicieron una hipótesis muy Justificada. Al ver que aquella cordillera de los Cárpatos tomaba aquí y allí formas circulares y era dominada por picos, dedujeron que en otro tiempo formaba circos importantes. Aquellos anillos montañosos debieron de haber sido rotos en parte por la vasta expansión a que se debe el mar de las Lluvias. Los Cárpatos presentaban entonces el aspecto que habían presentado los circos de Purbach, Arzachel y Tolomeo, si un cataclismo derribase sus escarpadas de la izquierda, y los transformara en cordillera continua. Su altura media es de 3,200 metros, altura comparable a la de doscientos puntos de los Pirineos; sus pendientes meridionales se deprimen de repente hacia el inmenso mar de las Lluvias.

Hacia las dos de la mañana se encontraba Barbicane a la altura del vigésimo paralelo lunar, no lejos de la montaña llamada Pytheas, de 1,559 metros de altura. La distancia del proyectil a la Luna no era ya más que de 1,200 kilómetros, reducida a dos leguas y media con los anteojos.

El Mare Imbrium se extendía a la vista de los viajeros como una inmensa depresión cuyos detalles eran todavía poco perceptibles. Cerca de ellos a la izquierda, se elevaba el monte Lambert, cuya altura está calculada en 1,813 metros, y más allá, en el límite del océano de las Tempestades, a los 23° de latitud Norte y 29° de longitud Este, resplandecía la montaña radiada de Euler.

—Esta montaña, que sólo se eleva 1,815 metros sobre la superficie lunar, había sido objeto de un interesante estudio del sabio astrónomo Schroeter, quien, tratando de reconocer el origen de las montañas de la Luna, dudaba de si el volumen del cráter se mostraba siempre aparentemente igual al volumen de las escarpas que lo formaban. En general, esta relación existía efectivamente y de ella deducía Schroeter que una sola erupción de materias volcánicas había bastado para romper aquellas escarpas; porque, de verificarse varias erupciones sucesivas, se hubiera alterado la relación. Sólo el monte Euler desmentía esta ley general, y había necesitado para su formación varias erupciones sucesivas, puesto que el volumen de su cavidad era el doble de su recinto.

Semejantes hipótesis estaban justificadas por observadores terrestres a quienes sus instrumentos no servían sino de un modo imperfecto. Pero Barbicane no quería contentarse con esto, y al ver que su proyectil se acercaba con regularidad al disco lunar, no desesperaba, si no de llegar a él, de sorprender cuando menos los secretos de su formación y darlos a conocer con el tiempo.

Capítulo XIII:
Paisajes lunares

A las dos y media de la madrugada, el proyectil se encontraba a la altura del trigésimo paralelo lunar y a una distancia efectiva de 1,000 kilómetros, reducida a 10 por los instrumentos de óptica. Seguía pareciendo imposible que llegase a tocar en ningún punto del disco; y su velocidad de traslación relativamente mediana, era explicable para el presidente Barbicane; porque a la distancia en que se encontraba de la Luna debía haber sido considerable para neutralizar la fuerza de la atracción. Había, pues, un fenómeno que no acertaba a explicarse y, además faltaba tiempo para indagar la causa. La superficie lunar pasaba rápidamente a la vista de los viajeros, que no querían perder ni el menor detalle.

El disco se presentaba, pues, en los anteojos, a la distancia de dos leguas y media. Un aeronauta, transportado a esta distancia de la Tierra, ¿qué distinguía en su superficie? Nadie puede decirlo, ya que las mayores ascensiones han pasado de ocho mil metros.

Veamos, sin embargo, una descripción exacta de lo que Barbicane y sus compañeros veían desde aquella altura.

En primer lugar veían en el disco manchas extensas de colores variados. Los selenógrafos no están acordes, acerca de la naturaleza de estas coloraciones que son perfectamente distintas unas de otras. Julio Schmidt supone que si los océanos terrestres quedasen secos, un observador selenita no distinguiría sobre el globo, entre los océanos y las llanuras continentales, matices tan diversos como los que se manifiestan en la Luna a un observador terrestre. Según él, el color común de las extensas llanuras conocidas con el nombre de «mares», es el gris oscuro mezclado con verde o pardo. Algunos grandes cráteres tienen también esta coloración tan especial.

Barbicane conocía esta opinión del selenógrafo alemán, opinión de que participaban Beer y Moedler; y pudo convencerse de que la observación les daba la razón contra ciertos astrónomos que no admiten sino el color gris en la superficie de la Luna. En ciertos espacios destacaba con viveza el color verde, tal como resulta, según Julio Schmidt, en los mares de la Serenidad y de los Humores. Barbicane observó asimismo ambos cráteres, desprovistos de conos exteriores, que despedían un color azulado, análogo a los reflejos de una plancha de acero recién pulimentada. Estas coloraciones pertenecían efectivamente, al disco lunar, y no procedían, como han supuesto algunos astrónomos, de la interposición de la atmósfera terrestre. Para Barbicane, no había duda en este aspecto. Observaba a través del vacío y no podía cometer error alguno de óptica; así, consideró el hecho de las diversas coloraciones como conquista definitiva de la ciencia. Ahora bien, ¿eran debidos aquellos matices verdes a una vegetación tropical, sostenida por una atmósfera densa y baja? Esto es lo que no se atrevía a asegurar.

Más allá vio un matiz rojizo, también muy marcado, semejante a otro observado anteriormente en el fondo de un recinto aislado, que se llama circo de Lichtenberg, al borde de la Luna. Más no pudo reconocer su naturaleza.

No estuvo más agraciado con otra particularidad del disco, porque no pudo determinar exactamente la causa. Véase lo que era esta particularidad.

Estaba Miguel Ardán en observación cerca del presidente, cuando divisó largas líneas blancas, vivamente iluminadas por los rayos directos del Sol. Era una serie de surcos luminosos muy diferentes de la irradiación que presentaba Copérnico y que se prolongaban paralelos unos a otros.

Con su habitual ligereza, exclamó inmediatamente Miguel:

—¡Hombre, campos cultivados!

—¿Campos cultivados? —dijo Nicholl, encogiéndose de hombros.

—Por lo menos labrados —añadió Miguel Ardán—. Pero qué buenos labradores deben de ser esos selenitas y qué bueyes tan gigantescos engancharán a sus arados para abrir tales surcos!

—No son surcos —dijo Barbicane—, son fallas.

—Vaya por las fallas —respondió con docilidad, Miguel—; falta ahora saber qué se entiende por fallas en el mundo científico.

Barbicane explicó a su compañero lo que sabía de las fallas lunares. Sabía que eran surcos observados en todas las partes no montañosas del disco; que estos surcos, por lo general aislados, miden de cuatro a cincuenta leguas de extensión; que su anchura varía de mil a mil quinientos metros, y que sus bordes son rigurosamente paralelos. Pero no sabía más sobre su formación ni su naturaleza.

Provisto del anteojo observó Barbicane aquellas fallas con la mayor atención y advirtió que sus bordes estaban formados por pendientes sumamente escarpadas y constituían una especie de parapetos paralelos, que la imaginación se figuraba como líneas de fortificación elevadas por los ingenieros selenitas.

De estas diferentes fallas, unas eran enteramente rectas, como tiradas a cordel; otras presentaban una ligera curva, aunque conservando en sus bordes el paralelismo; aquéllas se entrecruzaban; éstas cortaban los cráteres; aquí surcaban cavidades tales como Posidonio o Petavio; allí serpenteaban los mares, tales como el mar de la Serenidad.

Estos circunstancias naturales debieron de excitar necesariamente la imaginación de los astrónomos terrestres. Las primeras observaciones no habían descubierto las fallas. Ni Hevelius ni Cassini ni La Hire ni Herschel parecían haberlas conocido. El primero que las señaló a la atención de los sabios fue Schroeter en 1789. Después las estudiaron otros, entre ellos Pastoff, Gruithuysen, Beer y Moedler. Hoy su número se eleva a setenta; pero si han sido contadas, en cambio no se ha determinado su naturaleza. Está demostrado, sin embargo, que no son fortificaciones, ni lechos de antiguos ríos hoy secos; porque por una parte, las aguas, tan ligeras en la superficie de la Luna, no hubieran podido abrir tales cauces, y por otra, aquellos surcos atraviesan muchas veces cráteres situados a gran elevación.

No obstante hay que reconocer que Miguel Ardán tuvo una idea algo fundada, y que, sin saberlo él, era la misma de Julio Schmidt.

—¿Por qué motivo —decía— esas inexplicables apariencias no han de ser fenómenos de vegetación?

—¿Y en qué te fundas para sospecharlo? —preguntó Barbicane.

—No te alteres, dignísimo presidente —respondió Miguel—. ¿No podría suceder que esas líneas oscuras, que parecen formar espaldones, fuesen hileras de árboles dispuestos con regularidad?

—¿Te has empeñado en ver vegetación? —dijo Barbicane.

—No tal —replicó Miguel Ardán—; no pretendo sino explicar lo que no explicáis los sabios. Mi hipótesis, cuando menos, tiene la ventaja de indicar por qué desaparecen o parecen desaparecer esas fallas en épocas determinadas y periódicas.

—¿Por qué lo dices?

—Porque esos árboles se hacen invisibles cuando se quedan sin hojas, y vuelven a ser visibles cuándo las echan de nuevo.

—Ingeniosa es tu explicación, querido compañero, pero inadmisible.

—¿Por qué?

—Porque en la superficie de la Luna puede decirse que no hay estaciones y, por consiguiente, no pueden verificarse los fenómenos de vegetación de que hablas.

En efecto, la escasa oblicuidad del eje lunar mantiene allí al sol a una altura casi igual en cada latitud. En las regiones ecuatoriales, el astro radiante ocupa casi invariablemente el cenit, y apenas pasa del horizonte en las regiones polares. De manera que según se encuentra situada cada región, así vive en invierno, primavera, estío u otoño perene, lo mismo que en el planeta Júpiter, cuyo eje se encuentra igualmente poco inclinado sobre su órbita.

—¿Qué origen tienen, pues, estas fallas? He ahí una cuestión difícil de resolver. Seguramente serían posteriores a la formación de los cráteres y los circos, porque algunas han cortado el recinto de éstos Es posible que habiéndose formado en las últimas épocas geológicas, sean debidas simplemente a la expansión de las fuerzas naturales.

A todo esto, el proyectil había llegado a la altura del grado 40 de latitud lunar, a una distancia de la superficie del astro no superior, sin duda, a ochocientos kilómetros. Los objetos se dibujaban en los anteojos como si sólo distaran dos leguas. En aquel punto, a los pies de los observadores, se encontraba el Helicón, de quinientos cinco metros de alto, y a la izquierda se perfilaban en redondo esas medianas alturas que encierran una, corta porción del mar de las Lluvias, con el nombre de golfo de los Lirios.

La atmósfera terrestre habría de ser ciento setenta veces más transparente de lo que es para que los astrónomos pudieran hacer, a través de ella, observaciones completas en la superficie lunar. Pero en el vacío en que flotaba el proyectil no se interponía fluido alguno entre el ojo del observador y el objeto observado. Además Barbicane se encontraba a una distancia que no habían alcanzado nunca los más potentes telescopios, ni el de John Rosse, ni el de las Montañas Rocosas. Estaba, pues, en condiciones sumamente favorables para resolver la importante cuestión de la habitabilidad de la Luna. Así y todo, esta solución se le escapaba todavía; no distinguía más el lecho desierto de las grandes llanuras, y hacia el Norte montañas áridas; pero ninguna obra que revelase la mano del hombre, ni la ruina que revelara su paso. Tampoco se veía aglomeración de animales que indicase allí el desarrollo de la vida, ni aun en escala inferior. En ninguna parte se percibían movimientos, ni aparecía vegetación. De los tres reinos que formaban el globo terrestre, uno solo estaba en el globo lunar: el mineral.

—¡Ah! —exclamó un tanto consternado Miguel—. ¿Conque no hay nadie?

—No —respondió Nicholl—, a lo menos hasta ahora. Ni un hombre ni un animal, ni un árbol. Después de todo, si la atmósfera se ha refugiado en el fondo de las cavidades, dentro de los circos o en la superficie opuesta de la Luna, nada podemos prejuzgar.

—Esto aparte —añadió Barbicane—, un hombre no es visible ni aun para la vista más perspicaz a la distancia de siete kilómetros. Si hay, pues, selenitas, ellos pueden ver nuestro proyectil, pero nosotros no podemos verlos a ellos.

Hacia las cuatro de la mañana, y a la altura del cincuenta paralelo, la distancia se había reducido a seiscientos kilómetros. A la izquierda se extendía una línea de montañas de caprichosos contornos y dibujadas en plena luz. Hacia la derecha, por el contrario, se abría un agujero negro, como un gran pozo insondable y oscuro perforado en el suelo lunar.

Aquel agujero era el lago Negro, era Platón, circo profundo, que se puede estudiar cómodamente desde la Tierra, entre el último cuarto y la Luna nueva, cuando las sombras se proyectan del oeste al este.

Esta coloración negra se encuentra rara vez en la superficie del satélite. Hasta ahora no se ha reconocido sino en las profundidades del circo de Endimion, al este del mar del Frío, en el hemisferio norte y en el fondo del circo de Grimaldi, en el Ecuador, hacia el borde oriental del astro.

Platón era una montaña circular situada a los 51° de latitud norte y 9° de longitud este. Su circo tiene 92 kilómetros de largo y 61 de ancho. Barbicane sintió mucho no pasar perpendicularmente por encima de su extensa abertura, en la que había un abismo que sondear y quizás algún fenómeno misterioso que sorprender. Pero no podía modificarse la marcha del proyectil, y era forzoso aceptarlo tal como era. Si no se saben dirigir los globos, menos aún los proyectiles, cuando uno va encerrado dentro de las paredes.

Aproximadamente las cinco de la mañana se había pasado el límite septentrional del mar de las Lluvias. Los montes La Condamine y Fontenelle quedaban uno a la izquierda y otro a la derecha. Aquella parte del disco, desde los 60°, se volvía enteramente montañosa. Los anteojos lo acercaban a una legua, distancia inferior a la que separaba la cumbre del Monte Blanco del nivel del mar. Toda aquella región estaba erizada de pozos y circos. Hacia los 60° dominaba Filofao, de tres mil setecientos metros de altura, con un cráter elíptico de dieciséis leguas de largo y cuatro de ancho.

Entonces el disco, visto desde aquella distancia, ofrecía un aspecto sumamente anormal. Los paisajes presentaban condiciones muy diferentes de los de la Tierra, pero también inferiores.

Como la Luna no tiene atmósfera, esta ausencia de envoltura gaseosa produce consecuencias ya demostradas. No hay crepúsculo en la superficie, sino que la noche sucede al día y el día a la noche de repente, como una luz que se enciende o se apaga en medio de una oscuridad profunda. Tampoco hay transición desde el frío al calor, sino que la temperatura pasa en un momento desde el grado de la ebullición del agua a los más absolutamente fríos del espacio.

Otra consecuencia de la falta de aire es el que reinan tinieblas completas allí donde no llegan los rayos del Sol. Lo que en la Tierra se llama luz difusa, materia luminosa que el aire mantiene en suspensión, que crea los crepúsculos y las auroras, que produce las sombras, las penumbras y toda esa magia de claroscuros, no existe en la Luna. De ahí resulta una dureza de contraste que no admite sino dos colores: el blanco y el negro. Si un selenita se preserva la vista de los rayos solares, el cielo le parece enteramente negro y las estrellas brillan a sus ojos como en la más oscura noche.

Júzguese la impresión que tan extraño aspecto produciría en Barbicane y en sus amigos. Sus ojos se desorientaban y no podían apreciar las distancias de los diferentes términos entre sí. Un paisaje lunar, que no se encuentra suavizado por el fenómeno del claroscuro, no podría ser reproducido por un paisajista de la Tierra; todo se reduciría a manchas negras sobre un fondo blanco.

Este aspecto no se modificó ni aun cuando el proyectil, a la altura de los 80° se encontró separado de la Luna sólo por una distancia de cien kilómetros; ni tampoco cuando, a las cinco de la mañana, pasó a menos de cincuenta kilómetros de la montaña de Gioja, distancia que los anteojos reducían a medio cuarto de legua. Creían tocar la Luna con la mano; y les parecía imposible que el proyectil no la tropezase de un momento a otro, aunque no fuera más que por el Polo Norte, cuya cumbre brillante se dibujaba violentamente sobre el fondo negro del cielo.

Miguel Ardán quería abrir una lumbrera y precipitarse a la superficie lunar, sin espantarse a la idea de una caída de doce leguas. La tentativa hubiera sido inútil, porque si el proyectil no debía llegar a ningún punto del satélite, Miguel, arrastrado por un movimiento, no llegaría tampoco.

En aquel momento eran las seis; aparecía el polo lunar. El disco no presentaba a las miradas de los viajeros más que una mitad fuertemente iluminada, mientras la otra desaparecía en las tinieblas.

De pronto, el proyectil pasó la línea que dividía la luz intensa de la sombra absoluta y quedó súbitamente sumido en una profunda oscuridad.

Capítulo XIV:
La noche de trescientas cincuenta y cuatro horas

Al producirse tan súbitamente aquel fenómeno, el proyectil pasaba a menos de 50 kilómetros del Polo Norte de la Luna. Le habían bastado unos cuantos segundos para sepultarse en las tinieblas absolutas del espacio. La transición se había operado tan rápidamente, tan sin degradación de luz, que no parecía sino que el astro de la noche se hubiera apagado a impulsos de un gigantesco soplo.

—¡Se ha fundido, ha desaparecido la Luna! —exclamó Miguel Ardán, estupefacto.

En efecto, no se veía un reflejo, ni una sombra, ni nada de aquel disco tan deslumbrador momentos antes. La oscuridad era completa y aún la hacía mayor el brillo de las estrellas; tenía ese color negro propio de las noches lunares, que duran trescientas cincuenta y cuatro horas y media en cada lugar del disco, noche inmensa que proviene de la igualdad entre los movimientos de traslación y rotación de la Luna sobre sí misma y alrededor de la Tierra. El proyectil, sumergido en el cono de sombra del satélite, no sufría ya la acción de los rayos solares, lo mismo que los puntos de la parte invisible de éste.

Reinaba completa oscuridad en lo interior; no se veía nada; así que, por más deseoso que estuviera Barbicane de economizar el gas encerrado en el depósito, no hubo más solución que hacer este gasto para disipar las tinieblas en que les había sumido la desaparición del Sol.

—¡Vaya al diablo el astro radiante! —exclamó Miguel Ardán—; va a obligarnos a consumir gas, cuando podía suministrarnos gratis sus rayos.

—No culpemos al Sol —replicó Nicholl—; no tiene él la culpa, sino la Luna, que se pone en medio como una pantalla.

—¡Es el Sol! —insistía Miguel.

—¡Es la Luna! —repetía Nicholl.

Disputa excusada que Barbicane terminó, exclamando:

—Amigos míos, no tienen la culpa el Sol ni la Luna, sino el proyectil, que en vez de seguir vigorosamente su trayectoria ha cometido la torpeza de separarse de ella. Y para hablar con justicia, la culpa es del desventurado bólido que lamentablemente ha desviado nuestra dirección primitiva.

—¡Bien! —respondió Miguel Ardán—. Pues entonces, ya que está arreglado, vamos a almorzar. Después de una noche entera de observaciones conviene reponerse un poco.

Esta proposición no encontró oposición alguna.

En pocos minutos preparó Miguel el almuerzo; pero comieron por comer y bebieron sin echar brindis ni proferir exclamaciones. Al verse arrastrados a aquellos espacios, sin su comportamiento habitual de resplandores, sentían que una vaga intranquilidad se apoderaba de sus corazones.

Conversaron, sin embargo, de aquella interminable noche de trescientas cincuenta y cuatro horas, o sea cerca de quince días, que las leyes físicas han impuesto a los habitantes de la Luna. Barbicane dio a sus amigos algunas explicaciones de tan curioso fenómeno.

—Curioso, sin duda alguna —dijo—, porque si cada hemisferio de la Luna está privado de luz solar durante quince días, ésta, sobre la que pasamos ahora, no goza siquiera durante su larga noche el espectáculo de la Tierra espléndidamente iluminada. En una palabra, no hay Luna, tomando por tal a nuestro esferoide, sino a un lado del disco. Ahora bien, si sucediese así en la Tierra; si, por ejemplo, Europa no viera nunca la Luna, y ésta no fuera visible para los antípodas, figuraos cuán asombrado se quedaría un europeo la primera vez que visitara Australia.

—¡Se haría el viaje sólo para ver la Luna! —respondió Miguel.

—Pues bien, esa admiración puede experimentarla el que habite la parte de la Luna opuesta a la Tierra, parte invisible para nosotros, compatriotas del globo terrestre.

—Y que nosotros habríamos visto, —añadió Nicholl— si hubiéramos llegado en la época de la luna nueva, es decir, quince días después.

—En cambio diré —prosiguió Barbicane— que el habitante de la parte visible está muy favorecido por la Naturaleza en perjuicio de sus hermanos de la parte invisible. Esta última, como veis, tiene noches profundas de trescientas cincuenta y cuatro horas, sin que ningún rayo de luz interrumpa su completa oscuridad. La otra, por el contrario, cuando ve desaparecer bajo el horizonte al Sol que la ha iluminado durante quince días, ve alzarse por el horizonte opuesto otro brillante astro, que es la Tierra, de tamaño tres veces mayor que el de esa Luna que nosotros conocemos; la Tierra, que ocupa un diámetro de dos grados, que le envía una luz trece vez más penetrante y en nada disminuida, puesto que no hay por medio capa atmosférica alguna, y que no desaparece del horizonte hasta que el Sol vuelve a salir.

—¡Bello discurso! —dijo Miguel Ardán—. Quizás un poco académico.

—De lo que se deduce —siguió diciendo Barbicane, sin pestañear— que esta cara visible del disco debe ser muy agradable de habitar, puesto que tiene delante al Sol en los plenilunios y a la Tierra en los novilunios.

—Pero esta ventaja —dijo Nicholl— se encontrará desgraciadamente compensada por el insoportable calor que la luz lleva consigo.

—Este inconveniente existe en ambas caras, porque la luz reflejada por la Tierra indudablemente se encuentra desprovista de calor. Sin embargo, esta cara está más expuesta al calor que la visible. Y esto lo digo para vos, Nicholl, porque Miguel probablemente no lo comprenderá.

—Gracias —dijo Miguel.

—En efecto —prosiguió Barbicane—, cuando esta cara invisible recibe a un mismo tiempo la luz y el calor solar, es porque hay luna nueva, o se encuentra en conjunción, es decir, entre el Sol y la Tierra. Se encuentra pocas veces con relación al sitio que ocupa en posición cuando está llena más cerca del Sol en un doble de su distancia a la Tierra. Ahora bien, esta distancia puede apreciarse en dos centésimas partes de la que separa al Sol de la Tierra, o sea, en números, 200.000 leguas más cerca del Sol cuando recibe sus rayos.

—Justamente —respondió Nicholl.

—Por el contrario… —prosiguió Barbicane.

—Un momento —dijo Miguel interrumpiendo a su compañero.

—¿Qué quieres?

—Continuar la explicación.

—¿Para qué?

—Para probar que he comprendido.

—Habla —dijo Barbicane, sonriendo.

—Por el contrario —dijo Miguel, imitando el tono y los ademanes del presidente Barbicane— cuando la cara visible de la Luna se encuentra iluminada por el Sol, o lo que es lo mismo, hay Luna llena, ésta se halla situada enfrente del Sol, con la Tierra por medio. Entonces la distancia que la separa del astro radiante se ha aumentado en 200 leguas y, por consiguiente, el calor que recibe habrá sufrido alguna disminución.

—¡Muy bien dicho! —exclamó Barbicane—. ¿Sabes, Miguel, que para ser artista tienes mucho talento?

—Sí —dijo Miguel con indiferencia—; así somos todos en el bulevar de los italianos.

Barbicane estrechó con gravedad la mano a su amable compañero, y continuó enumerando varias ventajas de que gozaban los habitantes de la cara visible de la Luna. Citó, entre otras, la observación de los eclipses de Sol, que no pueden hacerse sino en este lado del disco lunar; puesto que para producirse tales eclipses es preciso que la Luna esté en oposición. Estos eclipses, provocados por la interposición de la Tierra entre la Luna y el Sol, pueden durar dos horas, durante las cuales el globo terrestre, a causa de la refracción de los rayos solares en su atmósfera, debe parecer desde la Luna un punto negro marcado en el Sol.

—De modo —dijo Nicholl— que ese pobre hemisferio no ha sido muy favorecido por la naturaleza.

—Así es —respondió Barbicane—, aunque no todo el hemisferio; porque en virtud de cierto movimiento de libración, de cierto balanceó sobre su centro, la Luna presenta a la Tierra algo más de la mitad de su disco. Es como un péndulo cuyo centro de gravedad se encuentra vuelto hacia el globo terrestre y que oscila con regularidad. ¿De dónde procede esta oscilación? De que su movimiento de rotación sobre su eje se encuentra animado de una velocidad uniforme, mientras el de traslación, que sigue una órbita elíptica alrededor de la Tierra, no lo está. En el perigeo predomina la velocidad de traslación, y la Luna presenta cierta porción de su borde occidental. En el apogeo, la velocidad de rotación es la que domina, y aparece un trozo de su orilla oriental. Es un segmento de unos ocho grados que se presenta ya por Oriente, ya por Occidente. De lo cual resulta que si consideramos a la Luna como dividida en mil partes, vemos de ellas quinientas setenta y nueve.

—Entendido —respondió Miguel—; pero si alguna vez llegamos a ser selenitas, yo quiero habitar en la cara visible; no hay nada que me guste tanto como la luz.

—A no ser —añadió Nicholl— que la atmósfera se halle condensada en la otra, como lo aseguran varios astrónomos.

—No deja de ser una opinión —respondió simplemente Miguel Ardán.

Mientras tanto había terminado el desayuno, y los observadores habían vuelto a ocupar sus puestos. Pretendían ver algo a través de las oscuras lumbreras apagando la luz interior; pero no distinguían ni un átomo luminoso en medio de aquella oscuridad.

Un hecho inexplicable ocupaba el pensamiento de Barbicane. ¿Cómo se concebía que habiendo pasado el proyectil a la corta distancia de 50 kilómetros de la Luna, no hubiera caído en ella? Si su velocidad hubiera sido muy grande se comprendería que no hubiera caído; pero con una velocidad relativamente mediana, era incomprensible aquella resistencia a la atracción lunar. ¿Se encontraba sometido el proyectil a alguna otra influencia?

¿Había algún cuerpo que lo mantuviera en el éter? Era ya indudable que no tocaría en ningún punto de la Luna. Pero ¿dónde iba? ¿Se alejaba del disco o se acercaba a él? ¿Iba arrastrado en profundas tinieblas a través del infinito? ¿Cómo saberlo? ¿Cómo calcularlo en medio de la oscuridad? Todas estas cuestiones inquietaban a Barbicane, pero no podía resolverlas.

En efecto, el astro invisible estaba allí a pocas leguas, quizás a pocas millas, pero ni sus compañeros ni él lo distinguían ya. Si se producía algún ruido en su superficie no podían oírlo; el aire, el vehículo del sonido, faltaba allí para transmitir los gemidos de aquella Luna a quien las leyes árabes designan como un hombre ya medio convertido en granito, pero que todavía siente.

Aquello era para aburrir a los observadores más pacientes. Aquel hemisferio desconocido, era precisamente el que se ocultaba a sus ojos. Aquella cara, que quince días antes o quince días después había estado y estaría espléndidamente iluminada por los rayos solares, se perdía entonces en una completa oscuridad. ¿Dónde estaría el proyectil quince días después? ¿Quién podría decir a donde los habrían conducido las atracciones?

Es opinión generalmente aceptada, con arreglo a las observaciones selenográficas, que el hemisferio invisible de la Luna tiene la misma constitución que el hemisferio visible. En los movimientos de libración de que había hablado Barbicane se descubría, en efecto, como una séptima parte de aquel hemisferio, y en aquellas montañas y llanuras, circos y cráteres análogos a los indicados ya en los mapas. Así, pues, podía suponerse la misma naturaleza, el mismo mundo, árido y muerto. Y sin embargo, podía acontecer que la atmósfera le hubiera dado vida a aquellos continentes produciendo no sólo la vida vegetal, sino hasta la animal y la del hombre. ¡Cuántos problemas de interés había que resolver! ¡Cuántas soluciones podían obtenerse contemplando aquel hemisferio! ¡Qué encanto hubiera, sido echar una mirada sobre aquel mundo nunca visto por ojos humanos!

Se comprenderá, por consiguiente, la contrariedad de los viajeros al encontrarse envueltos en aquella negra oscuridad. Imposible les era verificar la menor observación del disco lunar. En cambio, las constelaciones parecían solicitar sus miradas, y hay que convenir en que jamás astrónomo alguno, ni los Faye, ni los Chacornac, ni los Secchi, se habían visto en condiciones tan favorables para observarlas con todos sus detalles.

En efecto, nada hay que iguale al esplendor de aquel paisaje sideral bañado en el límpido éter. Aquellos diamantes incrustados en la bóveda celeste despedían soberbios destellos. La vista abarcaba el firmamento desde la cruz del Sur hasta la estrella del Norte, constelaciones que dentro de doce mil años, y por efecto de la sucesión de los equinoccios, cederán su papel de estrellas polares, la una a Canopus del hemisferio austral, y la otra a Vega del boreal. La imaginación se perdía en aquel infinito sublime, en medio del cual gravitaba el proyectil como un nuevo astro creado por la mano del hombre. Por un efecto natural, aquellas constelaciones brillaban con suavidad y no centelleaban, porque faltaba la atmósfera, que es la que produce el centelleo, por la interposición de sus capas de diferente densidad y humedad. Parecían otros tantos ojos que miraban dulcemente en aquella noche profunda y en medio del silencio absoluto del espacio.

Los viajeros contemplaron mudos largo rato el firmamento estrellado en el cual formaba la Luna una especie de cavidad negra muy extensa. Pero una sensación muy penosa les sacó pronto de su contemplación; y era un frío sumamente vivo que en un momento cubrió los cristales de las lumbreras de una espesa capa de hielo. En efecto, éste perdía poco a poco el calor acumulado en sus paredes, sintiéndose por lo tanto un gran descenso de temperatura que convirtió en hielo la humedad interior en contacto con los cristales, impidiendo toda observación.

Miró Nicholl el termómetro y vio que había bajado a 17° centígrados bajo cero. Así, pues, a pesar de todos los propósitos económicos de Barbicane, no sólo tuvo que emplear el gas para tener luz, sino también para calentarse. La temperatura del proyectil no era soportable y, sus pasajeros se hubieran helado vivos.

—No nos quejaremos, ciertamente —observó Miguel Ardán—, de la monotonía del viaje. ¡Qué variedad, a lo menos en la temperatura! Tan pronto nos vemos abrumados de luz y de calor como los indios de las Pampas, como sumidas en las más profundas tinieblas y en medio de un frío boreal como los esquimales del Polo. No, no podemos quejarnos, la Naturaleza nos hace perfectamente los honores.

—Pero —preguntó Nicholl—, ¿qué temperatura es la del exterior?

—Precisamente la de los espacios planetarios —respondió Barbicane.

—Entonces —dijo Miguel Ardán—, ¿no sería el momento a propósito para hacer el experimento que no hemos podido intentar cuando estábamos inundados de rayos solares?

—Sí, ahora o nunca —respondió Barbicane—, porque estamos muy bien situados para comprobar la temperatura del espacio y ver si son exactos los cálculos de Fourier o Pouillet.

—El caso es que hace frío —respondió Miguel.

—La humedad interior se condensa en los cristales; y si continúa el descenso pronto vamos a ver que nuestro aliento cae al suelo convertido en nieve.

—Preparemos un termómetro —dijo Barbicane.

—Claro es que un termómetro ordinario, no hubiera dado resultado alguno en las circunstancias en que iba a usarse. El mercurio se hubiese solidificado en la probeta puesto que para ello sólo necesita 42° bajo cero. Pero Barbicane se había provisto de un termómetro del sistema Walferdin, que da fracciones de temperatura sumamente baja.

Antes de empezar el experimento, se cotejó aquel termómetro con otro de las condiciones ordinarias, y Barbicane se dispuso a hacer uso de él.

—¿Cómo nos arreglaremos? —preguntó Nicholl.

—Nada más fácil —respondió Miguel Ardán, que nunca se apuraba—. Se abre rápidamente la lumbrera, se lanza el instrumento, que seguirá dócilmente al proyectil, y al cabo de un cuarto de hora se le retira…

—¿Con la mano? —preguntó Barbicane.

—Con la mano —respondió Miguel.

—Pues bien, amigo mío; no te expongas a tal cosa —respondió Barbicane—; porque la mano que saques para hacerlo se quedaría hecha un muñón helado y deforme por esos fríos espantosos.

—¿De veras?

—Tendrías la sensación de una quemadura terrible, como si te aproximara un hierro candente; porque, lo mismo que el calor, el frío entra en gran cantidad en nuestra carne o sale de ella. Además tampoco estoy seguro de que ahora nos sigan los objetos que hemos arrojado fuera.

—¿Por qué? —preguntó Nicholl.

—Porque si atravesamos una atmósfera, aunque sea muy poco densa, esos objetos se moverán ya con más dificultad y se quedarán atrás. La oscuridad nos impide ver si todavía nos siguen; así, pues, para no exponernos a perder el termómetro, le sujetaremos de modo que podamos retirarlo fácilmente cuando nos convenga.

Se siguieron los consejos de Barbicane; se abrió rápidamente la lumbrera y Nicholl arrojó al espacio el termómetro, al cual se había atado una cuerda corta con el fin de poderlo retirar rápidamente. La lumbrera estuvo abierta a lo sumo un segundo, y, sin embargo, bastó para que penetrara en el proyectil un frío violento.

—¡Demonio! —exclamó Miguel Ardán—. Hace un frío capaz de helar a los osos blancos.

Barbicane aguardó a que pasara una media hora, tiempo más que suficiente para que el instrumento pudiera descender hasta la temperatura del espacio. Luego retiraron el termómetro tan rápidamente como lo habían obtenido.

Barbicane calculó la cantidad de mercurio pasada a la ampollita soldada a la parte inferior del instrumento.

—Ciento cuarenta grados centígrados bajo cero —exclamó.

Pouillet tenía razón contra Fourier. Ésta era la horrible temperatura de los espacios siderales. Ésta quizá la de los continentes lunares cuando el astro de la noche ha perdido por irradiación el calor recibido en los quince días del Sol.

Capítulo XV:
Hipérbola y parábola

Acaso sorprenda al lector ver a Barbicane y a sus compañeros tan poco preocupados del porvenir que les aguardaba en aquella prisión de metal arrastrados por los espacios infinitos del éter. En lugar de pensar a dónde iban, pasaban el tiempo haciendo experimentos, como si se encontraran en su gabinete de estudio.

A esto podríamos responder que hombres de un temple tan superior no se tomaban tales cuidados ni se apuraban por tan poca cosa, sino que pensaban en otras de más importancia para ellos que su suerte futura.

Cierto es que no eran dueños de su proyectil ni podían variar la marcha ni su dirección. Un marino varía a su antojo el rumbo de su barco; y un aeronauta puede imprimir a su globo movimientos verticales. En cambio, ellos no tenían acción alguna sobre su vehículo; toda maniobra les resultaba imposible y por lo tanto lo dejaban correr.

¿Dónde se encontraban en aquel momento que equivalía en la Tierra a las ocho de la mañana del 6 de diciembre? Seguramente muy cerca de la Luna, lo bastante para que les pareciera una inmensa pantalla negra extendida en el firmamento. En cuanto a la distancia que de ella los separaba era imposible calcularla. El proyectil, sostenido por fuerzas inexplicables, había pasado rasando el Polo Norte del satélite a menos de 50 kilómetros. Pero en las dos horas que llevaba en el cono de sombra, ¿se había aumentado o se había disminuido esta distancia? No había punto de mira para apreciar la dirección y velocidad del proyectil. Quizá se alejase rápidamente del disco, en términos de salir muy pronto de la sombra pura; tal vez, al contrario, se acercaba a él sensiblemente, hasta el punto de tropezar con algún pico elevado del hemisferio invisible; lo cual hubiera terminado el viaje probablemente con perjuicio de los viajeros.

Se discutió este punto, y Miguel Ardán, siempre rico en explicaciones, fue de la opinión que el proyectil, retenido por la atracción lunar, caería al fin como, cae un aerolito en la superficie del globo terrestre.

—En primer lugar, querido compañero —le respondió Barbicane—, no todos los aerolitos caen a la Tierra; al contrario, son los menos. Así, pues, aunque pasásemos al estado de aerolito, no se deduce de esto que cayéramos a la superficie de la Luna.

—Sin embargo —replicó Miguel—, si nos acercáramos bastante…

—No importa —replicó Barbicane—. ¿No han visto en ciertas épocas atravesar el cielo a millares las estrellas fugaces?

—Sí.

—Pues bien, esas estrellas, o mejor dicho, esos cuerpecillos, no brillan sino porque se ponen candentes al rozar las capas atmosféricas; es señal de que pasan a menos de 15 leguas del Globo, a pesar de lo cual rara vez caen. Lo mismo le debe ocurrir a nuestro proyectil; puede acercarse mucho a la Luna y, sin embargo, no caer finalmente en ella.

—Pues entonces —dijo Miguel—, quisiera yo saber qué hará en el espacio nuestro vehículo errante.

—Sólo veo dos hipótesis —respondió Barbicane, al cabo de unos instantes de reflexión.

—¿Cuáles?

—El proyectil tiene que elegir entre dos curvas matemáticas y seguirá una u otra, según la velocidad de que esté animado, y que no puedo apreciar en este momento.

—Sí —dijo Nicholl—, seguirá una parábola o una hipérbola.

—En efecto —respondió Barbicane—; con cierta velocidad seguirá la parábola, y con una velocidad mayor la hipérbola.

—Mucho me gustan las palabras retumbantes —respondió Miguel Ardán—; en seguida se sabe lo que quieren decir. ¿Tenéis la bondad de explicarme qué es vuestra parábola?

—Amigo mío —respondió el capitán—, la parábola es una línea curva de segundo orden que resulta de la sección de un cono cortado por un plano, paralelamente a uno de sus lados.

—¡Ah, ah! —dijo Miguel, satisfecho.

—Es poco más o menos la trayectoria que describe una bomba lanzada por un mortero.

—Perfectamente. ¿Y la hipérbola? —preguntó Miguel.

—La hipérbola es una curva de segundo orden producida por la intersección de una superficie cónica y de un plano paralelo a sus dos generatrices y que constituye dos ramas separadas una de otra y se extiende indefinidamente.

—¿Es posible? —exclamó Miguel Ardán con la mayor seriedad, y como si le contaran algún suceso grave—. Entonces, fíjate bien en esto, querido capitán; tu definición de la hipérbola es para mí todavía más incomprensible que la palabra misma.

Poco caso hacían Nicholl y Barbicane de las cuchufletas de Miguel Ardán, empeñados como estaban en un debate científico. Lo que les inquietaba era saber qué curva seguiría el proyectil; uno decía que la hipérbola, otro sostenía que la parábola; se daban mutuamente razones plagadas de x. Sus argumentos se formulaban en un lenguaje que atacaba los nervios a Miguel. La discusión era viva y ninguno de los dos adversarios quería sacrificar su curva predilecta. Aquella discusión científica se prolongó tanto que acabó por impacientar a Miguel.

—¡Vaya, señores de los cosenos! —dijo—. ¿Cuándo acabaran de arrojarse parábolas e hipérbolas a la cabeza? Yo quiero saber lo único interesante de este asunto; convenimos en que seguiremos una u otra de vuestras curvas; pero ¿a dónde nos conducirán?

—A ninguna parte —respondió Nicholl.

—¿Cómo que a ninguna parte?

—Sin duda —respondió Barbicane—; son curvas abiertas que se prolongan hasta lo infinito.

—¡Ah, sabios, sabios! —exclamó Miguel—. Os tengo clavados en el corazón. ¿Qué nos importa vuestra parábola o vuestra hipérbola, si una y otra nos elevan al infinito en el espacio?

Barbicane y Nicholl no pudieron menos de sonreír. Acababan de hacer arte, por el placer del arte mismo. Nunca se había presentado cuestión más intempestiva en momento más inoportuno. La terrible verdad era que, arrastrado el proyectil hiperbólica o parabólicamente, no habría de encontrar jamás a la Tierra ni a la Luna.

¿Qué sucedería, pues, a aquellos atrevidos viajeros en un plazo no muy lejano? Si no morían de hambre, si no morían de sed, morirían a los pocos días por falta de aire, cuando se les concluyera el gas, si el frío no había concluido antes con ellos.

Más por importante que les fuera ahorrar gas, el excesivo descenso de la temperatura atmosférica les obligó a consumir cierta cantidad de éste. En rigor podían pasarse sin luz, pero no sin calor. Por fortuna, el calórico desarrollado por el aparato Reiset y Regnault, elevaba algo la temperatura interior del proyectil y podía mantenerse sin gran gasto, en un grado soportable.

Mientras tanto, las observaciones a través de las lentes se habían hecho muy difíciles. La humedad interior del proyectil se condensaba en los cristales y se congelaba inmediatamente. Había que quitar la opacidad del cristal por medio de continuos frotamientos. A pesar de estos obstáculos se pudieron observar fenómenos del más alto interés.

Efectivamente; si aquel disco invisible hubiera tenido su atmósfera, ¿no debieran haber visto las estrellas errantes cruzando con sus trayectorias? Si el proyectil mismo atravesaba estas capas fluidas, ¿río podría percibirse algún ruido repercutido por los ecos lunares, los rugidos de una tempestad, por ejemplo, los estallidos de un alud, las detonaciones de un volcán en actividad? Y si alguna montaña en ignición se coronaba de un penacho de resplandores, ¿no se hubieran podido distinguir sus intensas fulguraciones? Hechos semejantes, minuciosamente comprobados, les hubiesen aclarado mucho el oscuro problema de la constitución lunar. Por este motivo Barbicane y Nicholl, colocados en sus lentes, como astrónomos, observaban con escrupulosa paciencia, pero hasta entonces el disco permanecía mudo y sombrío, y no contestaba a nada de las múltiples preguntas que le dirigían aquellos hombres. Este silencio provocó la siguiente reflexión de Ardán, bastante justa al parecer.

—Si otra vez hacemos este viaje, haremos bien en escoger la época de la Luna nueva.

—En efecto —respondió Nicholl—, esa circunstancia sería más favorable. Convengo en que la Luna sumergida en los rayos solares no sería visible durante el trayecto; pero, en cambio, se distinguiría la Tierra, que estaría en pleno. Además, si fuéramos atraídos alrededor de la Luna como ahora sucede, tendríamos al menos la ventaja de ver su disco, actualmente invisible, magníficamente iluminado.

—Bien dicho, Nicholl —contestó Miguel Ardán—. ¿Qué piensas tú de todo ello, Barbicane?

—Pienso —respondió el grave presidente— que si volvemos a emprender este viaje, partiremos en la misma época y en las mismas condiciones. Supongamos que hubiésemos logrado nuestro objetivo; ¿no hubiera valido más encontrar continentes llenos de luz que una región sumergida en una noche oscura? ¿No se habría efectuado en las mejores circunstancias nuestra primera instalación? Evidentemente sí. En cuanto a este lado invisible, lo hubiéramos visitado en nuestros viajes de investigación sobre el globo lunar. Por lo tanto, la época del plenilunio estaba perfectamente escogida. Era necesario llegar al fin de nuestro camino, y para esto, no desviarse en él.

—Nada se puede objetar a eso —dijo Miguel Ardán—. ¡He aquí, sin embargo, una buena ocasión perdida de observar el otro lado de la Luna! ¡Quién sabe si los habitantes de los otros planetas están a la misma altura que los sabios de la Tierra en cuanto al conocimiento de sus satélites!

A esta observación de Miguel Ardán se hubiera podido contestar fácilmente de esta forma: si otros satélites han podido ser estudiados con más exactitud el por su mayor proximidad. Los habitantes de Saturno, de Júpiter y de

Urano, si existen, han podido establecer comunicaciones más fáciles con sus Lunas. Los cuatro satélites de Júpiter gravitan a una distancia de ciento ocho mil doscientas sesenta leguas; ciento setenta y dos mil doscientas leguas; doscientas setenta y cuatro mil doscientas leguas, y cuatrocientas ochenta mil ciento treinta leguas, respectivamente. Pero estas distancias están contadas desde el centro del planeta y deduciendo la longitud del radio que es de diecisiete a dieciocho mil leguas, se ve que el primer satélite no se encuentra tan lejos de la superficie de Júpiter como la Luna de la superficie de la Tierra. De las ocho Lunas de Saturno, cuatro están igualmente más próximas; Diana a ochenta y cuatro mil seiscientas leguas; Thetys a sesenta y dos mil novecientas sesenta leguas; encerrado a cuarenta y ocho mil noventa y una leguas y, finalmente, Mimas a una distancia media de treinta y cuatro mil quinientas únicamente. De los ocho satélites de Urano, el primero, Ariel, no está más que a cincuenta y una mil ciento veinte leguas del planeta.

Un experimento análogo del presidente Barbicane en la superficie de estos tres astros hubiera presentado, por lo tanto, menores dificultades. Si sus habitantes han intentado hacerlo, tal vez hayan examinado la constitución de la mitad de este disco, que su satélite oculta eternamente a sus ojos. Pero si no han abandonado nunca su planeta no estarán más adelantados que los astrónomos de la Tierra.

Mientras tanto, el proyectil describía en la sombra aquella incalculable trayectoria que ningún punto de partida podía determinar. ¿Se había modificado su dirección, ya por la influencia de la atracción lunar, ya por la influencia de un astro desconocido? Barbicane no podía decirlo; pero se había operado un cambio en la posición relativa del vehículo, y Barbicane lo demostró a eso de las cuatro de la mañana aproximadamente.

Este cambio consistía en que la base del proyectil se había inclinado hacia la superficie de la Luna y se mantenía en la dirección de una perpendicular que pasaba por su eje. La atracción, es decir, la gravedad, había producido esta modificación. La parte más pesada del proyectil se inclinaba hacia el disco invisible, exactamente como si hubiera caído hacia él.

¿Caería, en efecto? ¿Irían a alcanzar por fin los viajeros su tan deseado objeto? No. Y la observación de un punto de mira bastante explicable por otra parte vino a demostrar a Barbicane que su proyectil no se aproximaba a la Luna, y que se separaba siguiendo una curva casi concéntrica.

Dicho punto de mira fue un rayo de luz que Nicholl señaló de repente sobre el límite del horizonte, formado por el disco negro, y que no podía confundirse con una estrella. Era una incandescencia rojiza que aumentaba de volumen poco a poco, prueba incontestable de que el proyectil se aproximaba a él y no caía normalmente en la superficie del astro.

—¡Un volcán! Es un volcán en actividad —exclamó Nicholl—; un derrame de los fuegos interiores de la Luna. Este mundo no está aún completamente muerto.

—¡Sí, una erupción! —dijo Barbicane, que observaba cuidadosamente el fenómeno con el anteojo de la noche. ¿Qué podría ser, si no fuera un volcán?

—En este caso —dijo Miguel Ardán— es necesario aire para mantener esta combustión. Por lo tanto hay una atmósfera que rodea esta parte de la Luna.

—Es posible —notó Barbicane—, pero no absolutamente necesario. El volcán puede suministrarse el oxígeno por la descomposición de ciertas materias y lanzar así sus llamas en el vacío. Hasta me parece que esta deflagración tiene la intensidad y el resplandor de los objetos cuya combustión se produce el oxígeno puro. No nos apresuremos, pues, afirmando la existencia de una atmósfera lunar.

La montaña en ignición debía estar situada aproximadamente hacia el grado cuarenta y cinco de latitud Sur de la parte invisible del disco. Pero, con gran disgusto de Barbicane, la curva que describía el proyectil le arrastraba lejos del punto señalado por la erupción, no siendo posible por lo tanto determinar su naturaleza. Media hora después de haberlo visto, desaparecía este punto luminoso detrás del sombrío horizonte. Sin embargo, la comprobación del fenómeno era un hecho de suma importancia en los estudios selenográficos. Probaba que no había desaparecido aún todo el calor de las entrañas de ese globo, y allí donde existe el calor, ¿quién podría afirmar que no habían sentido hasta entonces los reinos vegetal y animal las influencias destructoras? La existencia de aquel volcán en erupción indiscutiblemente comprobada por los sabios de la Tierra, hubiera originado sin duda muchas teorías favorables a la grave cuestión de la habitabilidad de la Luna.

Se dejaba arrastrar Barbicane por sus reflexiones y se olvidaba de sí mismo en una muda contemplación en que se agitaban los misteriosos destinos del mundo lunar. Buscaba el lazo que había de unir los hechos observados hasta entonces, cuando un nuevo incidente le volvió bruscamente a la realidad.

Este incidente, más que un fenómeno cósmico, era un peligro amenazador, cuyas consecuencias podían ser desastrosas.

En medio del éter y entre sus tinieblas profundas había aparecido de repente una masa enorme. Era como una luna, pero incandescente, y de un brillo tanto más insoportable cuanto que rompía fuertemente la profunda oscuridad del espacio. Aquélla masa, de forma circular, despedía una luz tal que inundaba completamente el proyectil. Las caras de Barbicane, de Nicholl, de Miguel Ardán, violentamente iluminadas con sus blancas ráfagas, tomaban esta apariencia especial lívida, cadavérica, que los físicos producen con la luz artificial del alcohol impregnado de sal.

—¡Diablo! —gritó Miguel Ardán—. ¡Estoy horrorizado! ¿Qué inesperada Luna es ésta?

—Un bólido —contestó Barbicane.

—¿Un bólido inflamado en el vacío?

—Sí.

Aquel globo de fuego era efectivamente un bólido. Barbicane no se engañaba. Si estos meteoros cósmicos no presentan generalmente, cuando se observan desde la Tierra, más que una luz algo menor que la de la Luna, allí, en aquel sombrío éter, brillan extraordinariamente. Estos cuerpos errantes llevan en sí mismos el principio de su incandescencia. El aire ambiente no les es necesario para su deflagración. En efecto, si algunos de ellos atraviesan las capas atmosféricas a dos o tres leguas de la Tierra, otros, por el contrario, describen una trayectoria a una distancia que no llega a la atmósfera. Ejemplo: los bólidos como el de 27 de octubre de 1884, qué apareció a una altura de 128 leguas, y el de 18 de agosto de 1741, que desapareció a una distancia de 182 leguas. Algunos de estos meteoros tienen tres o cuatro kilómetros de anchura y poseen una velocidad que puede llegar hasta 75 kilómetros por segundo, siguiendo una dirección inversa a la del movimiento de la Tierra. Este globo errante, repentinamente aparecido en la sombra a una distancia de 100 leguas por lo menos, debía medir, según cálculo de Barbicane, un diámetro de 2,000 metros. Avanzaba con una velocidad de dos kilómetros por segundo aproximadamente, o sea, de 30 leguas por minuto. Cortaba el camino del proyectil y debía alcanzarle a los pocos minutos. Al acercarse, aumentaba su volumen en una proporción enorme.

Imagínense, si pueden, la situación de los viajeros. Era imposible describirla. A pesar de su valor, sangre fría e indiferencia ante el peligro, estaban mudos, petrificados, con los miembros crispados y sobrecogidos por un asombro terrible. Su proyectil, cuya marcha no podían desviar, corría derecho hacia la masa ígnea, más intensa que la boca encendida de un horno de resol. Parecía que se precipitaba hacia un abismo de fuego. Barbicane había cogido las manos de sus compañeros, y todos miraban al revés de sus párpados medio cerrados al esferoide caldeado al rojo blanco. Si el pensamiento no estaba extinguido en ellos, si su cerebro funcionaba aún en medio de, su espanto, debían creerse perdidos.

A los dos minutos de la súbita aparición del bólido, ¡dos siglos de angustia!, con el proyectil próximo a chocar con él, estalló como una bomba el globo de fuego, pero sin producir ningún ruido en medio de aquel vacío, en donde el sonido, que no es más que la agitación de las capas de aire, no podía, por tanto, producirse.

Nicholl profirió un grito: sus compañeros y él se precipitaron al cristal de las lumbreras.

¡Qué espectáculo! ¿Qué pluma podría describirlo, qué paleta podría ser tan rica de colores para reproducirlo?

Era algo así como la boca de un cráter, como el esparcimiento de un incendio inmenso. Millares de fragmentos luminosos alumbraban y cortaban el espacio con sus resplandores. Todos los tamaños, todos los matices, todos los colores estaban mezclados, formando irradiaciones amarillas, amarillentas, rojas, verdes, grises, una corona, en fin, multicolor de fuegos artificiales. Del terrible y enorme globo no quedaban más que pedazos lanzados en todas las direcciones, convertidos a su vez en asteroides, unos flameantes como espadas, otros rodeados de una nube blanquecina y otros que dejaban en pos de sí señales brillantes de polvo cósmico.

Aquellos fragmentos incandescentes se cruzaban y colisionaban, fraccionándose en pedazos más pequeños, algunos de los cuales chocaron con el proyectil. El cristal de la izquierda llegó a quebrarse por el golpe violento de uno de ellos. Parecía que flotaba el proyectil entre una granizada de bombas, de las cuales la menor podría aniquilarle en un momento.

La luz que satura el éter se desarrollaba en incomparable intensidad, porque los asteroides la difundían en todas sus direcciones. Hubo un momento en que fue tan viva, que Miguel Ardán llevó hacia su lente a Barbicane y Nicholl, gritando: «¡Por fin vemos la Luna, hasta ahora invisible!».

Y al través de un efluvio luminoso de algunos segundos, divisaron todos aquel disco misterioso que la vista del hombre contemplaba por primera vez.

¿Qué distinguieron a aquella distancia que no podían calcular? Algunas zonas prolongadas sobre el disco, verdaderas nubes formadas en un medio atmosférico muy reducido, en el que aparecían no solamente todas las montañas, sino también los relieves de menor importancia, los circos, los cráteres abiertos y caprichosamente dispuestos, tal como existen en la superficie visible. Después, espacios inmensos, no ya áridas llanuras, sino verdaderos océanos abundantemente distribuidos, que reflejaban sobre su líquido espejo toda la magia deslumbradora de los fuegos del espacio. Finalmente en la superficie de los continentes, extensas masas sombrías, que semejaban selvas inmensas al rápido fulgor del relámpago.

¿Era una ilusión, un error de la vista, un espejismo por decirlo así? Podían dar una afirmación científica a una observación tan superficialmente obtenida. ¿Se atrevían a decidir sobre el problema de su habitabilidad, con la ligera ojeada del disco invisible? Nuestros tres atrevidos viajeros se hallaban sumidos en un mar de confusiones.

Entretanto, las fulguraciones del espacio se apagaron poco a poco; su resplandor accidental se disminuyó, los asteroides se alejaron con diversas trayectorias y se apagaron a lo lejos. El éter volvió a habituales tinieblas; las estrellas, un momento eclipsadas, brillaron en el firmamento, y el disco apenas entrevisto, se ocultó de nuevo en la impenetrable noche.

Capítulo XVI:
El hemisferio meridional

Acababa de librarse el proyectil de un peligro tan terrible como imprevisto; porque, ¿quién podía figurarse el encuentro de bólidos? Estos cuerpos errantes podían suscitar a los viajeros nuevos y graves peligros. Eran para ellos otros tantos escollos sembrados en aquel mar de éter y que, menos afortunados que los navegantes, no podían evitar. Pero, ¿se quejaban por ello los aventureros del espacio? Todo lo contrario; puesto que la Naturaleza les había dado el espléndido espectáculo de un meteoro cósmico, estallando con una expansión formidable y, además, tan incomparable fuego artificial, inimitable para cualquier Duggieri, había iluminado por espacio de algunos segundos el mundo invisible de la Luna, Durante esta rápida iluminación, se les habían mostrado los continentes, los mares y las selvas. ¿Llevaba, pues, la atmósfera sus moléculas vivificadoras a esa cosa desconocida? ¡Problemas insolubles planteados a la curiosidad humana!

Eran entonces las tres y media de la tarde. El proyectil seguía su dirección curvilínea alrededor de la Luna. ¿Había sido modificada otra vez su trayectoria por el meteoro? Era de temer. No obstante, el proyectil debía describir una curva imperturbablemente determinada por las leyes de la mecánica racional. Barbicane se inclinaba a creer que esta curva sería más bien una parábola que una hipérbola. Sin embargo, admitida la parábola, debería salir el proyectil con bastante rapidez del cono de sombra proyectado en el espacio al lado opuesto del Sol. Éste era, efectivamente, muy estrecho; tan pequeño es el diámetro angular de la Luna, si se le compara con el diámetro del astro del día. Pero hasta entonces flotaba el proyectil en esta profunda sombra. Cualquiera que hubiese sido su velocidad, que no había podido ser sino muy mediana, continuaba su período de ocultación. Esto era evidente y no hubiera debido ser así en el caso propuesto de una trayectoria parabólica. Nuevo problema que atormentaba el cerebro de Barbicane, verdaderamente aprisionado en el círculo de incógnitas que no podía descifrar.

Ninguno de los tripulantes pensaba en descansar un momento. Todos acechaban algún hecho inesperado que arrojase nueva luz sobre sus estudios uranográficos. A cosa de las cinco distribuyó Miguel Ardán, con el nombre de comida, algunos pedazos de pan y de carne fiambre, que fueron rápidamente devorados, sin que nadie abandonase su lumbrera, cuyos cristales se llenaban continuamente de costras por la condensación de los vapores.

A eso de las cinco y cuarenta y cinco minutos de la tarde, Nicholl, provisto de su anteojo, señaló hacia el borde meridional de la Luna y en la dirección que seguía el proyectil, algunos puntos brillantes que resaltaban en el fondo sombrío del cielo. Hubieran podido compararse a una serie de agudos picos, que se perfilaban como una línea recortada. Estos puntos se iluminaban con bastante intensidad. Así aparecía el último término lineal de la Luna, cuando se presentaba en una de sus fases.

No cabía equivocación. No se trataba de un simple meteoro cuya arista luminosa no tenía color ni movilidad y menos aún, de un volcán en erupción, por lo cual Barbicane no tardó en decidirse.

—¡El Sol! —exclamó.

—¿Cómo, el Sol? —dijeron Nicholl y Miguel Ardán.

—Sí, amigos míos, es el astro radiante que ilumina la cima de estas montañas, situadas en el borde meridional de la Luna. ¡Nos acercamos al Polo Sur!

—Después de haber pasado por el Polo Norte —contestó Miguel—. ¡Luego hemos dado la vuelta a nuestro satélite!

—Sí, querido Miguel.

—Entonces, nada de hipérbola, ni curvas abiertas que temer.

—No, sino una curva cerrada.

—Que se llama...

—Una elipse. En vez de marchar a abismarse en los espacios interplanetarios, es probable que el proyectil vaya a describir una órbita elíptica alrededor de la Luna.

—Es cierto.

—Y se hará su satélite.

—Luna de la Luna —exclamó Miguel Ardán.

—Únicamente te haré observar, mi digno amigo —repuso Barbicane—, que no por eso estaremos menos perdidos.

—Sí, pero de otra manera y mucho más divertida —respondió él imperturbable con su amable sonrisa.

Tenía razón el presidente Barbicane. Al describir el proyectil esta órbita elíptica iba a gravitar eternamente alrededor de la Luna como un subsatélite.

Era un nuevo astro añadido al mundo solar, un macrocosmos poblado por tres habitantes, que morirían por falta de aire dentro de poco tiempo. Barbicane no podía alegrarse, pues, de esta situación definitiva, impuesta al proyectil por la doble influencia de las fuerzas centrípeta y centrífuga. Él y sus compañeros iban a ver de nuevo la cara iluminada del disco lunar., Acaso se prolongaría su existencia lo bastante para que pudiesen ver por última vez toda la Tierra, soberbiamente iluminada por los rayos del Sol. Acaso podría dirigir una última despedida a este globo que ya no volverían a ver. Después, el proyectil no sería más que una masa sin vida, semejante a esos asteroides inertes que circulan por el éter. Sólo tenían un consuelo: el de abandonar por fin aquellas insondables tinieblas y volver a la luz, entrando en las zonas bañadas por la irradiación solar.

Mientras tanto, las montañas descubiertas por Barbicane se separaban cada vez más de la masa sombría. Eran los montes Doerfel y Leibnitz, que erizaban al Sur la región circumpolar de la Luna.

Todas las montañas del hemisferio visible han sido medidas con una completa exactitud. Quizás extrañe esta perfección, y sin embargo, son en extremo exactos estos métodos hipsométricos. Puede afirmarse que la elevación de las montañas de la Luna está determinada con la misma exactitud que la de las montañas de la Tierra.

El procedimiento más generalmente empleado es el que mide la sombra proyectada por las montañas, teniendo en cuenta la altura del Sol en el momento de la observación. Esta medida se obtiene fácilmente con un anteojo provisto de un retículo con dos hilos paralelos, y admitiendo corno base, que es exactamente conocida, el diámetro real del disco lunar. Este método permite igualmente calcular la profundidad de los cráteres y de las cavidades de la Luna. Galileo se sirvió de dicho aparato, y después lo han empleado Beer y Moedler, con el mejor resultado.

El segundo método, llamado de los rayos tangentes, puede también aplicarse para medir los relieves lunares. Se emplea en el momento en que las montañas se presentan como puntos luminosos apartados de la línea de división de la sombra y de la luz, que brillan sobre la parte oscura del disco.

Esto puntos luminosos son producidos por los rayos solares superiores a los que determinan el límite de la fase. Por tanto la medida del intervalo oscuro, que deja entre si el punto luminoso y la parte luminosa más próxima indica exactamente la elevación de este punto. Pero se comprende que este procedimiento no puede aplicarse más que a las montañas que están cercanas a la línea de separación de la sombra y la luz.

Hay un tercer método que consiste en medir con el micrómetro el perfil de las montañas lunares que se dibujan en el fondo; pero no es aplicable más que a las elevaciones próximas al borde del astro.

Como quiera que sea, hay que tener presente que esta medida de los intervalos, sombras o perfiles, no puede realizarse sino cuando los rayos solares tocan oblicuamente a la Luna, con relación al observador. Cuando la tocan directamente; en una palabra, cuando es Luna llena, toda sombra es fuertemente difuminada en su disco, y la observación se hace imposible.

Galileo fue el primero que, después de haber determinado la existencia de las montañas lunares, empleó el método de las sombras proyectadas, para calcular sus elevaciones. Les calculó, como ya queda dicho, una elevación media de 4,500 toesas. Hevelius rebajó notablemente estas cifras, que, en cambio, duplicó Riccioli. Estas medidas eran exageradas por ambas partes. Provisto Herschel de instrumentos perfeccionados, se aproximó más a la verdad hipsométrica; pero es necesario, finalmente, buscarla en las relaciones de los observadores modernos.

Beer y Moedler, los mejores selenógrafos del mundo, han medido mil noventa y cinco montañas lunares. De sus cálculos resulta que seis de estas montañas se elevan a más de 5.800 metros, y veintidós a más de 4.800. La cima más alta de la Luna mide 7.603 metros; es, pues, inferior a las de la Tierra, algunas de las cuáles la sobrepujan en 500 o 600 toesas; pero hay que hacer una advertencia: si se comparan las montañas con los volúmenes respectivos de los dos astros, son relativamente más elevados las de la Luna que las de la Tierra. Las primeras forman 1/470 del diámetro de la Luna y las segundas, 1/440 del diámetro de la Tierra. Para que una montaña alcance las proporciones relativas de una montaña lunar sería necesario que su elevación perpendicular fuese de seis leguas y media, y resulta que la más elevada no tiene nueve kilómetros.

Por consiguiente, y procediendo por comparación, la cordillera del Himalaya tiene tres cimas superiores a las cimas lunares; el monte Everest, de 8.137 metros de elevación; el Kunchinjuga, de 8.100 metros, y el Dwalagiri, de 8.007 metros. Los montes Doerfel y Leibniz de la Luna tienen una altura igual a la de Jewahir de la misma cordillera, o sea 7.603 metros. Blancanus, Endytnion las cimas principales del Cáucaso y de los Apeninos son superiores al monte Blanco, que mide 4.810 metros. Son iguales al Monte Blanco, Moret, Teófilo, Catharina; al Monte Rosa, o sea 4.636, Piccolomini, Werner, Harpalus; al monte Cervino, de 4.522 metros de elevación, Macribio, Eratóstenes, Albateque, Delambre; al Pico de Tenerife de 3.710 metros, Bacon, Cysatus, Philolaus y los picos de los Alpes;

al Monte Perdido, de los Pirineos, de 3.351 metros, Roemer y Bogulawski; al Etna, de 3.227 metros, Hércules, Atlas, Fumerius.

Esos son los puntos de comparación que permiten apreciar la elevación de las montañas lunares. Precisamente la trayectoria seguida por el proyectil era hacia esta región montañosa del hemisferio Sur, en donde se alzan los mayores ejemplares de la orografía lunar.

Capítulo XVII:
Tycho

A las seis de la tarde pasaba el proyectil por el Polo Sur, a menos de 60 kilómetros, igual distancia a que se había aproximado del Polo Norte. La curva elíptica se dibujaba, pues, con toda visibilidad.

Se hallaban a la sazón los viajeros en ese bienhechor efluvio de los rayos solares, volvían a ver esas estrellas que se movían con lentitud de Oriente a Occidente. El astro radiante fue saludado con un triple hurra. Con su luz enviaba su calor, que transpiró bien pronto a través de las paredes de metal. Los cristales volvieron a tomar su primitiva transparencia. La capa de hielo que los cubría se derritió como por encanto. Inmediatamente después se disminuyó el gas por medida de economía, dejando el aparato de aire con su consumo habitual.

—¡Ah! —exclamó Nicholl—, ¡qué buenos son estos rayos caloríficos! ¡Con cuánta impaciencia deben esperar los selenitas la reaparición del astro del día, después de una noche tan larga!

—Sí —contestó Miguel, aspirando, por decirlo así, aquel éter brillante—; luz y calor constituyen toda la vida.

En el mismo instante, se advirtió la tendencia de la base del proyectil a separarse ligeramente de la superficie lunar, siguiendo una órbita elíptica bastante alargada. Si desde ese momento hubiera sido visible toda la Tierra, hubiesen podido volver a ver a Barbicane y sus compañeros. Pero sumergida en la irradiación del Sol, permanecía absolutamente invisible. Otro espectáculo les llamaba la atención, y era el que presentaba la región austral de la Luna, aproximada por sus anteojos a medio cuarto de legua. No abandonaban todos los detalles del extraño continente.

Los montes Doerfel y Leibniz forman dos grupos separados que se desenvuelven próximamente en el Polo Sur. El primer cuarto se extiende desde el Polo Sur hasta el paralelo ochenta y cuatro en la parte oriental del astro; el segundo, que se presenta hacia el borde oriental, ya del grado setenta y cinco de latitud al polo.

Aparecen sobre su arista, caprichosamente contorneada, resplandecientes planicies, tales como las ha señalado el padre Secchi, Barbicane pudo estudiar su naturaleza con más certidumbre que el ilustre astrónomo romano.

—Eso son nieves —exclamó Miguel.

—¿Nieves? —repitió Nicholl.

—¡Sí, Nicholl! Nieves cuya superficie está profundamente helada. Ved cómo reflejan los rayos luminosos. Lavas petrificadas no producirían una refracción tan intensa. Hay, pues, agua y aire en la Luna; será en poca cantidad si se quiere, pero el hecho es innegable.

Así era, en efecto. Y si Barbicane volvía a la Tierra confirmarían sus notas, este hecho de tanta importancia en las observaciones selenográficas.

Los montes Doerfel y Leibniz se elevan en medio de llanuras de mediana extensión limitadas por una serie indefinida de circos y de murallas anulares. Estas dos cordilleras son las únicas que hoy se encuentran en la región de los circos. Pero quebradas relativamente, proyectan en varias direcciones algunos picos agudos, cuya cumbre más elevada mide 7.603 metros.

Pero el proyectil dominaba todo este conjunto y el relieve desaparecía en el intenso resplandor del disco. Volvía a presentarse a los ojos de los viajeros el aspecto arcaico de los paisajes lunares faltos de tono, sin gradación en el colorido, sin matices de sombras, rudamente blancos y negros, por la falta de luz difusa; era indiscutible.

No obstante, la vista de ese mundo desolado no dejaba de ser curiosa por lo extraña que era. Se paseaban por encima de aquella caótica región, como arrastrados por el soplo del huracán, viendo desfilar las cimas bajo sus pies, observando las fallas con ojos atentos, analizando los pliegues, ojeando las cavidades, subiendo a las murallas, sondeando aquellas simas misteriosas nivelando todas las desigualdades, pero sin encontrar vestigios de vegetación ni de población, y sí únicamente estratificaciones, arroyos de lava, derrames pulimentados como inmensos espejos que reflejaban los rayos solares con un brillo irresistible; todo estaba muerto y allí los aludes rodaban desde la cima de las montañas para caer sin ruido en el fondo de los abismos. Tenían el movimiento, pero les faltaba aún el ruido.

Con repetidas observaciones, demostró Barbicane que los relieves de los bordes del gran disco, aunque sometidos a fuerzas diferentes de la región central, presentaban una conformación uniforme. La misma agregación circular y las mismas desigualdades del terreno. Podía presumirse, sin embargo, que sus disposiciones no debían de ser análogas. En efecto, la corteza, aun maleable, de la Luna ha estado sometida a la doble atracción de la Luna y de la Tierra obrando en sentido inverso y siguiendo un radio prolongado de una a otra. Por el contrario, sobre los bordes del disco, la atracción lunar ha sido perpendicular, por decirlo así, a la atracción terrestre. Parece, pues, que los relieves del suelo producidos en estas condiciones hubieran debido tomar una forma diferente, pero no sucedía así. La Luna había encontrado en sí misma el principio de su formación y constitución.

No debía nada a fuerzas extrañas. Esto justificaba la notable proposición de Arago: «Ninguna acción exterior de la Luna ha contribuido a la formación de su aspecto». Como quiera que sea, en su estado actual era una muda imagen de la muerte, sin que fuese posible decir que alguna vez le hubiese animado la vida.

Con todo, Miguel Ardán creyó distinguir una aglomeración de ruinas que señaló a la atención de Barbicane, situada hacia el paralelo 93 de longitud. Aquella aglomeración de piedras colocadas con bastante regularidad, semejaba una vasta fortaleza, que dominaba una de las vastas fallas que había servido de lecho a los ríos de los tiempos prehistóricos. No muy lejos se elevaba, a una altura de 5.616 metros, la montaña anular de Short, igual al Cáucaso asiático. Miguel Ardán, con su pasión acostumbrada, sostenía «la evidencia de una fortaleza». Por debajo se distinguían las murallas desmanteladas de una ciudad; más allá la bóveda aún intacta de un pórtico; aquí dos o tres columnas inclinadas sobre su basamento; allí una sucesión de cintras que debieron sostener los canales de un acueducto; más allá los pilares hundidos de un frente gigantesco construido sobre el espesor de una hendidura. Miguel Ardán veía todo eso con tanta alucinación en la mirada, a través de su fantástico anteojo, que no podía menos que desconfiarse de sus observaciones. Y, sin embargo, ¿quién podría asegurar, quién osaría decir que el simpático joven no había visto realmente lo que sus dos compañeros no querían ver?

Los momentos eran demasiado preciosos para sacrificarlos a una discusión ociosa. La ciudad selenita, real o supuesta, había desaparecido ya a lo lejos. La distancia del proyectil al disco lunar empezaba a aumentarse, y los detalles del suelo le perdían, confundiéndose. Únicamente los relieves, los circos, los cráteres, las llanuras, seguían viéndose con claridad.

En aquel momento se dibujaba hacia la izquierda uno de los más bellos circos de la orografía lunar, que era sin duda lo más curioso de aquel continente. Era el Newton, que Barbicane reconoció sin dificultad, consultando su Mappa Selenographica.

Newton se halla situado exactamente a los 77° de latitud sur y 16° de longitud este, y forma un cráter anular, cuyas paredes, de 7.264 metros de altura, parecían imposibles de pasar.

Barbicane hizo observar a sus compañeros que la altura de aquella montaña sobre la llanura vecina distaba mucho de igualar a la profundidad de su cráter. Este enorme orificio era imposible de medir, y formaba un abismo sombrío, cuyo fondo no llegaban a iluminar jamás los rayos solares. Allí, según Humboldt, reina tan absoluta oscuridad, que ni la luz del Sol ni la de la Tierra pueden interrumpir. Los mitólogos hubieran tenido razón en poner allí la boca del infierno.

—Newton —dijo Barbicane— es el tipo más perfecto de esas montañas anulares, que en la Tierra no se ve. Su existencia en la Luna prueba que la formación de aquel planeta por enfriamiento se debió a causas violentas; porque, mientras al impulso de los fuegos interiores, los relieves adquirían grandes alturas, el fondo se retiraba mucho más abajo del nivel lunar.

—No digo lo contrario —respondió Miguel Ardán.

A los pocos minutos de pasar sobre Newton, el proyectil se hallaba directamente encima de la montaña anular de Moret. Siguió de bastante lejos las cumbres de Blancanus, y a eso de las siete y media de la noche llegaba al circo de Clavio.

Este circo, uno de los más notables del disco, se halla situado a los 58°de latitud Sur y 15° de longitud Este. Su altura se calcula en unos 7.091 metros. Los viajeros, distantes 400 kilómetros, que se reducían a 4 en los anteojos, pudieron admirar el conjunto de aquel extenso cráter.

—Los volcanes terrestres —dijo Barbicane—, no son más que ratoneras comparados con los de la Luna. Midiendo los antiguos cráteres formados por las primeras erupciones del Vesubio y del Etna, apenas cuentan seis mil metros de anchura, en Francia, el circo de Cantal mide 10 kilómetros; en Ceilán, el circo de la isla 70 kilómetros, y se le considera como el más ancho del Globo. ¿Qué valen estos diámetros comparados con el Clavio, que dominamos en este momento?

—¿Qué anchura tiene, pues? —preguntó Nicholl.

—Doscientos veintiséis kilómetros —respondió Barbicane—. Verdad es que ese circo es el más importante de la Luna, pero otros muchos miden 200, 150 o 100 kilómetros.

—¡Ah, amigos míos! —exclamó Miguel—. Me imagino lo que sería ese apacible astro de la noche, cuando esos cráteres, henchidos de truenos, vomitaban torrentes de lava, granizadas de piedra, nubes de humo y masas de llamas, ¡y qué decadencia ahora! Esa Luna no es ya más que la seca armazón de un fuego artificial, cuyos cohetes, petardos, serpentinas y soles, después de brillar resplandecientes, no han dejado más que cortaduras de carbón. ¿Quién podrá decir la causa, la razón y la justificación de los abismos?

Barbicane no escuchaba a Miguel Ardán; contemplaba el recinto de Clavio formado por anchas montañas, una de algunas leguas. En el fondo de su inmensa cavidad se veían un centenar de cráteres pequeños, apagados, y que agujereaban el suelo convirtiéndose en una verdadera espumadera, sobre un pozo de unos 5.000 metros.

La llanura circundante presentaba un aspecto de desolación completa. Nada tan árido como aquellos relieves, ni tan triste como aquellas montañas; y si vale expresarse as!, como aquellos restos de picos y montes que cubrían el suelo. No parecía sino que el satélite había levantado por aquel sitio.

El proyectil seguía avanzando y aquel caos no se modificaba. Los circos y las montañas desplomadas se sucedían sin interrupción; nada de llanuras, ni de mares; aquello era una Suiza o una Noruega interminable. En el centro de tan sinuosa región, en su punto culminante, aparecía la montaña más espléndida del disco lunar, la deslumbradora Tycho, a la que la posteridad conservará para siempre el nombre del ilustre astrónomo danés.

Al contemplar la Luna llena en un cielo despejado, no hay quien haya dejado de ver ese punto brillante del hemisferio Sur. Miguel Ardán, para calificarle, empleó todas las metáforas que le sugirió su imaginación. Para él, Tycho era un ardiente foco de luz, un centro de irradiación, un cráter que vomitaba rayos luminosos. ¡Era el eje de una rueda brillante, una arteria que abarcaba el disco entre sus tentáculos, un eje inmenso lleno de llamas, un nimbo tallado para la cabeza de Plutón! Era, en fin, como una estrella lanzada por la mano del Creador, y aplastada contra la faz de la Luna.

Tycho forma una concentración luminosa tan intensa, que los habitantes de la Tierra pueden verla sin anteojos por más que se hallen a 100.000 leguas de distancia. Imagínese cuál sería su intensidad a los ojos de los observadores situados a 150 leguas solamente. A través de aquel puro éter era tan deslumbrante su brillo, que Barbicane y sus amigos tuvieron que ahumar los cristales de sus anteojos con humo de gas, para poder sufrirlo. Después siguieron mirando, contemplando, mudos, absortos, y lanzando de cuando en cuando exclamaciones de admiración. Todos sus asentimientos, sus impresiones todas, se concentraron en la mirada, como la vida, bajo la impresión de una emoción violenta, se concentra entera en el corazón.

Tycho pertenece al sistema de las montañas radiadas, como Aristarco y Copérnico. Pero entre todas ellas es la más completa, la más acentuada, y prueba de un modo irrecusable esa tremenda acción volcánica a que le debe la formación de la Luna.

Tycho está situada a los 43° de latitud meridional y 12° de longitud Este. Su centro lo ocupaba un cráter de ochenta y siete kilómetros de anchura. Afecta una forma casi elíptica y la rodea una cintura de colinas anulares que al este y al oeste dominan la llanura exterior a una altura de 5.000 metros. Es una agregación de Montes Blancos, dispuestos en derredor de un centro común y coronados de una cabellera radiada.

Ni siquiera la fotografía ha podido nunca representar esta montaña incomparable, tal como es, con el conjunto de relieves que convergen hacia ella y las prominencias interiores de su cráter. En efecto, Tycho se manifiesta en todo su esplendor solamente durante el plenilunio; pero entonces faltan las sombras, los esbozos de la perspectiva desaparecen y las pruebas resultan blancas; circunstancia lamentable, porque sería interesante reproducir aquella extraña región con la exactitud fotográfica. Lo que se ve es una aglomeración de agujeros, cráteres, de circos, un cruzamiento vertiginoso de alturas, y en todo lo que la vista puede abarcar, una red volcánica tendida sobre un suelo pustuloso. Entonces se comprende que los chorros de la erupción central hayan conservado su forma primera. Cristalizados por el enfriamiento, han estereotipado ese aspecto que presentó en otro tiempo la Luna por la influencia de las fuerzas plutónicas.

La distancia que separaba a los viajeros de las cimas anulares de Tycho no era tan grande que no pudieran aquéllos apreciar los principales detalles. Sobre el terraplén que constituía el circuito de Tycho, se apoyaban las montañas formando taludes interiores y exteriores a manera dé gigantescos terrados y parecían elevarse 300 o 400 pies más al este que al oeste. Ningún sistema de fortificaciones terrestres podía compararse a aquella fortaleza. Una ciudad edificada en el fondo de aquella cavidad circular hubiera sido absolutamente inaccesible.

—Pero la Naturaleza no había dejado llano y vacío el fondo de aquel cráter que, por el contrario, poseía su orografía especial y un sistema montañoso que hacía de él una especie de mundo aparte. Los viajeros distinguieron perfectamente conos, colinas centrales, movimientos notables de terreno dispuestos naturalmente para recibir las obras maestras de la arquitectura selenita. Allí se dibujaba el sitio ocupado por un templo, aquí el de un foro, en algún lugar los cimientos de un palacio, en otro la explanada de una ciudadela. ¡Y todo ello se hallaba dominado por una montaña central de 1.500 pies, vasto circuito en que la antigua Roma hubiera cabido entera diez veces!

—¡Ah! —exclamó Miguel Ardán entusiasmado ante aquella perspectiva—. ¡Qué grandiosa ciudad podría construirse en ese anillo de montañas! ¡Ciudad tranquila, refugio apacible, puesto fuera del alcance de todas las miserias humanas! ¡Cómo vivirían ahí tranquilos y aislados, todos esos misántropos, todos esos que detestan a la Humanidad y repugnan en absoluto la vida social!

Capítulo XVIII:
Cuestiones graves

A todo esto el proyectil había pasado el recinto de Tycho. Barbicane y sus amigos observaron entonces con la más minuciosa atención aquellas rayas brillantes que la célebre montaña dirige tan curiosamente hacia todos los horizontes.

¿Qué venía a ser aquella aureola radiada? ¿Qué fenómeno geológico había dibujado aquella cabellera ardiente? Esta cuestión preocupaba con razón a Barbicane.

Y es que, al verla, se prolongaban en todas direcciones surcos luminosos de bordes prominentes y centros cóncavos, unos como de 20 kilómetros de anchura, otros de 50. Aquellas brillantes ráfagas llegaban por algunas partes hasta 300 leguas de distancia de Tycho, y parecían cubrir, especialmente hacia el este, el nordeste y el norte, la mitad del hemisferio meridional. Una de ellas se extendía hasta el circo Neandoro, situado en el meridiano 40. Otra iba redondeándose a surcar el mar del Néctar, y a quebrarse contra la cordillera de los Pirineos, después de recorrer una extensión de 400 leguas. Otra hacia el oeste, cubría con una red luminosa el mar de los Nublados y el mar de los Humores.

¿Cuál era el origen de aquellos rayos brillantes que corrían sobre las llanuras como sobre las alturas, cualquiera que fuese su elevación? Todos partían de un centro común al cráter de Tycho, y emanaban de él. Herschel atribuía su brillante aspecto a corrientes de lava solidificada de repente por el frío, opinión que no ha sido aceptada. Otros astrónomos han tomado aquellos inexplicables surcos por una especie de hileras de peñascos erráticos, formados en la época misma de la formación de Tycho.

—¿Y por qué no? —preguntó Nicholl a Barbicane, que enumeraba estas diferentes opiniones refutándolas todas.

—Porque no pueden avenirse a la seguridad de esas líneas luminosas y la violencia necesaria para lanzar materias volcánicas a semejante distancia.

—¡Por Dios! —respondió Miguel Ardán—; pues a mí me parece muy fácil de explicar el origen de esos rayos.

—¿De veras? —dijo Barbicane.

—Indudablemente —continuó Miguel—. Es un hecho idéntico al que produce el golpe de una bala o piedra sobre un cristal.

—¡Muy bien! —replicó Barbicane sonriendo—; ¿y dónde había una mano con fuerza bastante para arrojar la piedra que dio ese golpe?

—No hace falta mano —repuso Miguel, que no se daba fácilmente por vencido—; y en cuanto a la piedra, supongamos que sea un cometa.

—¡Ah sí, los cometas! —exclamó Barbicane—. ¡Cómo se aprovecha de ellos! Querido Miguel, tu explicación no es mala, pero tu cometa es inútil. El golpe que ha producido esa rotura puede haber venido del interior del astro. Una contracción violenta de la corteza lunar, producida por el frío, ha podido producir esos rayos gigantescos.

—Pase la contracción, que es como si dijéramos un cólico lunar —respondió Miguel Ardán.

—Por lo demás —añadió Barbicane—, esa opinión es la de un sabio inglés, Nasmyth, y me parece que explica perfectamente la disposición, radiada de esas montañas.

—¡No es tonto ese Nasmyth! —respondió Miguel.

Los viajeros, a quienes el espectáculo no podía apenas cansar, admiraron por largo rato los esplendores de Tycho. Su proyectil, impregnado de efluvios luminosos, en aquella doble irradiación del Sol y de la Luna, debía parecer un globo incandescente. Había pasado, pues, casi súbitamente de un frío rigurosísimo a un calor intenso; como si la Naturaleza quisiera prepararlos así a convertirse en selenitas.

¡Convertirse en selenitas! Esta idea volvió a suscitar la cuestión de la habitabilidad de la Luna. ¿Podrían afirmar algo en pro o en contra? Miguel Ardán instó a sus dos amigos a formular opinión, y les preguntó terminantemente si creían que la animalidad y la humanidad se encontrasen re presentadas en el mundo lunar.

—Creo que podemos responder —dijo Barbicane—; pero, a mi parecer, no se debe plantear la cuestión de esa manera; pido presentarla yo de otra.

—Como gustes —respondió Miguel.

—Véanlo aquí —prosiguió Barbicane—. El problema es doble, y exige una doble solución. Primera: ¿es habitable la Luna? Segunda: ¿ha estado habitada?

—Muy bien —respondió Nicholl—. Averigüemos ante todo si la Luna es habitable.

—Por mi parte no puedo decir nada —replicó Miguel.

—Y yo respondo, ahora, desde luego, negativamente —continuó Barbicane—. En su estado actual, con esa envoltura atmosférica, seguramente muy reducida, con sus mares la mayor parte secos, sus vegetales insignificantes, sus bruscas alternativas de frío y calor, sus noches y sus días de trescientas cincuenta y cuatro horas, la Luna no me parece habitable, ni siquiera propia para el desenvolvimiento de la vida animal, ni suficiente para las necesidades de la existencia, tal como nosotros la comprendemos.

—Convenido —respondió Nicholl—; pero ¿no puede ser habitable para seres de distinta organización que la nuestra?

—A eso —dijo Barbicane—, ya es más difícil responder. Sin embargo, procuraré hacerlo, aunque antes he de preguntar a Nicholl si el movimiento no le parece el resultado necesario de una existencia cualquiera que sea su organización.

—Sin duda alguna —respondió Nicholl.

—Pues bien, mi digno compañero; les responderé que hemos observado los continentes lunares a una distancia de 500 metros a lo sumo, y no hemos advertido indicios de movimiento en la superficie de la Luna. La presencia de una humanidad cualquiera se hubiera revelado por alguna obra de sus manos, por cultivos, por construcciones, por ruinas, aunque no fuera más. ¿Y qué es lo que hemos visto? Por todas partes el trabajo de la Naturaleza; en ninguna el del hombre. Si en la Luna existen seres representantes del reino animal, se encuentran sepultados en esas insondables cavidades donde no llega a penetrar la mirada; cosa que yo no puedo admitir, porque habrían dejado huellas de su paso en esas llanuras que debe cubrir la capa atmosférica, por más reducida que sea, y esas huellas no se ven por ningún sitio. Queda, pues, únicamente la hipótesis de una raza de seres vivos enteramente ajenos al movimiento que es la vida.

—Es decir, criaturas vivas que no viven —dijo Miguel.

—Precisamente —respondió Barbicane—, lo cual no tiene sentido alguno para nosotros.

—Entonces, ¿podremos formular nuestra opinión? —dijo Miguel.

—Sí —respondió Nicholl.

—Pues bien —continuó Miguel Ardán—, la comisión científica reunida en el proyectil del «Gun-Club», después de apoyar sus argumentos en los hechos nuevamente observados, decide por unanimidad de votos, respecto de la habitabilidad de la Luna, que dicho planeta no es habitable.

Este acuerdo fue anotado por el presidente Barbicane en su libro, donde figura el acta de la sesión de diciembre.

—Ahora —dijo Nicholl— pasemos a la segunda cuestión, completamente independiente de la primera. Pregunto, pues, a tan respetable comisión: ¿Si la Luna no es habitable, ha estado habitada?

—El ciudadano Barbicane tiene la palabra —dijo Miguel Ardán.

—Amigos míos —respondió Barbicane—, no he aguardado yo este viaje para formarme opinión sobre esa habitabilidad pasada de nuestro satélite. Y añadiré que nuestras observaciones personales no hacen sino confirmarme en dicha opinión. Creo, afirmo, que la Luna ha estado habitada por una raza humana organizada como la nuestra; que ha producido animales conformados anatómicamente como los animales terrestres, pero añado que esas razas humanas o animales han pasado ya extinguiéndose para siempre.

—Entonces —preguntó Miguel—, ¿presumes que la Luna es un mundo más viejo que la Tierra?

—No —respondió Barbicane con acento de convicción—, es un mundo que ha vivido más deprisa, y cuya formación y descomposición, han sido, por consiguiente, más rápidas. Relativamente las fuerzas organizadoras de la materia han sido mucho más violentas en el interior de la Luna que en el interior del globo terrestre, como lo prueba de sobra el estado actual de ese disco resquebrajado, trastornado y abollado por todas partes. La Luna y la Tierra han sido masas, gaseosas en su origen; estos gases han pasado al estado líquido bajo diversas influencias, y más tarde se ha formado la masa sólida. Pero no cabe duda de que nuestro globo se encontraba todavía en el estado gaseoso o líquido, cuando la Luna, solidificada ya por el enfriamiento, era habitable.

—Eso opino yo también —dijo Nicholl.

—Entonces —continuó Barbicane— la rodeaba una atmósfera. Las aguas, contenidas por la envoltura gaseosa, no podían evaporarse. Por la influencia del aire, del agua, de la luz, del calor solar y del calor central, la vegetación se apoderaba de los continentes preparados para recibirla, y seguramente la vida se manifestó hacia aquella época, porque la Naturaleza no se entretiene en cosas inútiles y un mundo tan perfectamente habitable ha tenido que estar necesariamente habitado.

—Sin embargo —objetó Nicholl—, muchos fenómenos inherentes a los movimientos de nuestros satélites deberán obstaculizar la expansión de los reinos vegetal y animal; por ejemplo, esos días y esas noches de trescientas cincuenta y cuatro horas.

—En los polos terrestres —dijo Miguel— duran seis meses.

—Argumento de poco valor, puesto que los polos no están habitados.

—Amigos míos —añadió Barbicane—, tenemos que, si en el estado actual de la Luna, esas noches y esos días tan largos crean diferencias de temperatura insoportables para el organismo, no sucedía así en aquella época de los tiempos históricos. La atmósfera envolvía al disco en una capa fluida, los vapores tomaban en, ella la forma de nubes, y esta pantalla natural templaba el ardor de los rayos solares y contenía la irradiación nocturna. La luz, como el calor, podían fundirse en el aire. Y de aquí provenía un equilibrio entre estas influencias que no existe hoy, por haber desaparecido esa atmósfera casi del todo. Además, voy a sorprenderos…

—Sorpréndenos —dijo Miguel Ardán.

—Me inclino a creer que en la época en que la Luna se encontraba habitada, las noches y los días no duraban trescientas cincuenta y cuatro horas.

—¿Y por qué?

—Porque según toda probabilidad, el movimiento de la Luna sobre su eje no era entonces igual a su movimiento de revolución, lo cual es hoy causa de que cada punto del disco lunar se encuentre expuesto a los rayos solares durante quince días consecutivos.

—De acuerdo —respondió Nicholl—, pero, ¿qué argumentos hay para sospechar que esos dos movimientos iguales hoy, no lo fueron en otro tiempo?

—La de que esa igualdad ha sido determinada por la atracción terrestre. Y en tal caso, ¿quién nos dice que esa atracción fuera bastante fuerte para modificar los movimientos de la Luna en la época en que la Tierra se encontraba todavía en estado fluido?

—Y después de todo —replicó Nicholl—, ¿quién nos asegura que la Luna haya sido siempre satélite de la Tierra?

—¿Y quién nos dice —exclamó Miguel Ardán— que la Luna no existiera desde mucho antes que la Tierra?

Las imaginaciones se desbordaban por el cuerpo ilimitado de las hipótesis. Barbicane quiso refrenarlas.

—Ésas son opiniones demasiado aventuradas —dijo—, y encierran problemas verdaderamente irresolubles. No llevemos nuestra imaginación tan lejos; admitamos únicamente la insuficiencia de la atracción primordial, y entonces, por desigualdad de los dos movimientos de atracción y de revolución, comprenderemos que los días y las noches hayan podido ser en la Luna tan frecuentes como en la Tierra. Por lo demás, aun sin estas condiciones, era posible la vida.

—¿Es decir —preguntó Miguel—, que según todos estos antecedentes, la Humanidad ha desaparecido de la Luna?

—Sí —respondió Barbicane—, después de haber existido, sin duda, millares de siglos. Luego, poco a poco, por haber empezado a enrarecerse la atmósfera el disco se hacía inhabitable, como le sucederá un día a la Tierra, por el enfriamiento.

—¿Por el enfriamiento?

—Naturalmente —respondió Barbicane—. A medida que se fueron apagando los fuegos interiores, a medida que se fue concentrando la materia incandescente, la esfera lunar se enfrió. Lentmente se produjeron las consecuencias naturales de este fenómeno; desaparición de los seres organizados, desaparición de la vegetación. Poco después se enrareció la atmósfera, arrastrada probablemente por la atracción terrestre; desapareciendo el aire respirable, debía desaparecer también el agua por evaporación. En aquella época, la Luna, que ya era inhabitable, no estaba habitada; era un mundo muerto tal y como lo vemos hoy.

—¿Y dices que a la Tierra le está reservada la misma suerte?

—Es muy probable.

—¿Para cuándo?

—Para cuando el enfriamiento de su corteza sólida la haya hecho inhabitable.

—¿Y se ha calculado el tiempo que nuestro desgraciado esferoide tardaría en enfriarse?

—Sin duda.

—¿Y conoces tú esos cálculos?

—¡Pues habla de una vez, sabio cachazudo! —exclamó Miguel Ardán—. Que me matas de impaciencia.

—Pues bien, amigo Miguel —respondió tranquilamente Barbicane—; se sabe la disminución de temperatura que la Tierra sufre en el espacio de un siglo. Y según los cálculos más fundados, la temperatura media se habrá reducido a cero dentro de cuatrocientos mil años.

—¡Cuatrocientos mil años! —exclamó Miguel—. ¡Ah! ¡Respiro! ¡En verdad te digo que estaba asustado! ¡Al escucharte imaginaba que no teníamos ni cincuenta mil años de vida!

Barbicane y Nicholl no pudieron menos de reírse de los temores de su compañero. Después, Nicholl, que deseaba culminar, planteó de nuevo el asunto que estaba debatiendo.

—¿Luego la Luna ha estado habitada?

La respuesta fue afirmativa, por unanimidad.

Pero durante aquella discusión, fecunda en teorías un poco aventuradas, aun cuando reuniese las ideas generales de la ciencia sobre este punto, el proyectil había corrido rápidamente hacia el Ecuador lunar, alejándose regularmente del disco. Habían pasado el circo de William y el paralelo cuarenta a la distancia de 800 kilómetros. Abandonaron luego a la derecha a Pitatus a los 30° seguía al Sur de este mar de los Nublados, a cuyo Norte se habían aproximado ya. Diferentes circos fueron apareciendo confusamente en la deslumbradora blancura de la Luna llena, Bouillaud, Purbach, de forma casi cuadrada con su cráter central, y después Arzachel, cuya montaña interior brilla con resplandor extraordinario.

Al fin, como el proyecto se desviaba, continuamente, los perfiles se fueron borrando a la vista de los tripulantes, las montañas se confundieron a lo lejos y todo aquel conjunto maravilloso y extraño del satélite de la tierra quedó pronto reducido a su imperecedero recuerdo.

Capítulo XIX:
Lucha contra lo imposible

Barbicane y sus amigos permanecieron largo rato mudos y pensativos, mirando aquel mundo que habían visto de lejos, como Moisés la tierra de Canaán, y del que se alejaban para no volver. La posición del proyectil, respecto a la Luna, se había modificado, y a la sazón su fondo se encontraba vuelto hacia la Tierra.

Esta variación, observada por Barbicane, no dejó de sorprenderle. ¿Si el proyectil debía gravitar en torno del satélite siguiendo una órbita elíptica, por qué no le presentaba una misma parte, como hace la Luna respecto de la Tierra? Era éste un punto oscuro.

Observando la marcha del proyectil, se podía conocer que al separarse de la Luna seguía una curva análoga a la que había trazado al acercarse; describía, pues, una elipse muy alargada, que se extendería probablemente hasta el punto de atracción igual, donde se neutralizaban las influencias de la Tierra y de su satélite.

Tal fue la consecuencia que Barbicane dedujo acertadamente de los hechos observados; convicción de que participaron sus dos amigos.

Al instante empezaron a surgir las preguntas.

—¿Y cuándo volvemos a ese punto muerto? —preguntó Miguel Ardán.

—¡Eso es lo desconocido! —respondió Barbicane.

—Pero supongo que podrías formular alguna hipótesis…

—Dos —respondió Barbicane—. O la velocidad del

proyectil será insuficiente entonces, y permanecerá eternamente inmóvil en aquella línea de doble atracción…

—Prefiero la otra hipótesis, sea la que fuese —interrumpió Miguel Ardán.

—O su velocidad será insuficiente —continuó Barbicane—, y seguirá su derrotero elíptico para gravitar eternamente en derredor del astro de la noche.

—¡Manifestación poco consoladora! —dijo Miguel—. Pasar al estado de humildes siervos de la Luna que estamos acostumbrados a considerar Como una esclava nuestra. ¡Vaya un porvenir que nos espera!

Ni Barbicane ni Nicholl replicaron.

—¿Enmudecen? —prosiguió Miguel, impaciente.

—No hay nada que responder —dijo Nicholl.

—¿Ni nada que intentar?

—No —respondió Barbicane7— ¿Pretenderían luchar contra lo imposible?

—¿Por qué no? ¿Han de retroceder un francés y dos americanos ante semejante palabra?

—¿Pero qué quieres hacer?

—Subyugar ese movimiento que nos arrastra.

—¿subyugarlo?

—Sí —respondió Miguel animándose—, contenerlo o modificarlo, utilizarlo, en fin, para el logro de nuestros proyectos.

—¿Y cómo?

—¡Eso es lo que os toca resolver! Si los artilleros no son dueños de sus proyectiles, no son tales artilleros. ¡Si el proyectil manda al artillero, es preciso meter a éste en el cañón en lugar de meter a aquél! ¡Vaya unos sabios, a fe mía! Ahora no saben qué hacer después de haberme inducido…

—¡Inducido! —exclamaron a un tiempo Nicholl y Barbicane—. ¿Qué quieres decir con eso?

—¡No andemos con recriminaciones! —dijo Miguel—. ¡No me quejo! El paseo es de mi gusto y el proyectil también. Pero me parece que debemos hacer todo lo humanamente posible para caer en alguna parte, aunque no caigamos de seguro en la Luna.

—No deseamos otra cosa, amigo Miguel —respondió Barbicane—, pero carecemos de medios para ello.

—¿No podemos modificar el movimiento del proyectil?

—No.

—¿Ni disminuir su velocidad?

—No.

—¿Ni aun aligerándole como se aligera un barco demasiado cargado?

—¿Qué quieres arrojar? —respondió Nicholl—. No tenemos lastre a bordo y, además, me parece que el proyectil, aligerado, marcharía más aprisa.

—Más despacio —dijo Miguel.

—Más aprisa —replicó Nicholl.

—Ni más aprisa ni más despacio —dijo Barbicane, para poner paz a sus amigos—, porque flotamos en el vacío, donde no se puede tener en cuenta el peso específico.

—Pues bien —dijo Miguel, en tono decisivo—, entonces sólo nos queda una cosa que hacer.

—¿Cuál? —preguntó Nicholl.

—¡Almorzar! —respondió imperturbablemente el audaz francés, que siempre acababa de este modo en los momentos de aprieto.

En efecto, si esta determinación no influía de forma alguna en la dirección del proyectil, por, lo menos se podría tomar sin inconveniente y aun con buen éxito desde el punto de vista del estómago. Indudablemente Miguel tenía ocurrencias felices.

Cenaron, pues, a las dos de la mañana; pero la hora era lo de menos. Miguel sirvió su comida habitual, terminada por una excelente botella sacada de la bodega secreta. Si no brotaban ideas en sus cerebros había que desconfiar del exquisito Chambertin de 1863.

Terminada la comida, empezaron de nuevo las observaciones.

En derredor del proyectil se mantenían a variable distancia los objetos arrojados fuera. Era, pues, indudable que el proyectil, en su movimiento de traslación alrededor de la Luna, no había atravesado atmósfera, porque a no ser así, el peso específico de aquellos objetos habría modificado su marcha relativa.

Nada había que ver por la parte del esferoide terrestre. La Tierra no llevaba más que un día de su primer cuarto, había sido nueva la víspera a medianoche, y hasta que pasasen dos días no se dibujaría su primer segmento luminoso, viniendo a servir de reloj a los selenitas, puesto que, en su movimiento de rotación, cada uno de sus puntos pasaba veinticuatro horas después por el mismo meridiano lunar.

Por el lado de la Luna el espectáculo era diferente; el astro brillaba en todo su esplendor, en medio de innumerables constelaciones, cuya luz no empañaban sus rayos. En su disco, las llanuras empezaban a formar ya esa tinta oscura que se ve desde la Tierra. El resto del nimbo permanecía brillante, y en medio de su brillantez general, descollaba Tycho como un sol.

Barbicane no podía apreciar de ningún modo la velocidad del proyectil, pero el razonamiento le demostraba que aquella velocidad debía disminuir uniformemente, de conformidad con las leyes de la mecánica racional.

En efecto, admitiendo que el proyectil describiera una órbita alrededor de la Luna, esta órbita sería necesariamente elíptica. La ciencia prueba que debe ser así. Ningún móvil que circula alrededor de un cuerpo atrayente falla a esta ley. Todas las órbitas descritas en el espacio son elípticas, la de los satélites alrededor de los planetas, la de los planetas alrededor del Sol, la del Sol alrededor del astro desconocido que le sirve de centro. ¿Qué razón había para que el proyectil del «Gun-Club» dejara de seguir esta disposición natural?

Ahora bien, en las órbitas elípticas, el cuerpo atrayente ocupa siempre uno de los focos de la elipse. El satélite se encuentra, pues, un momento más cerca, y otro momento más lejos del astro en cuyo torno gravita.

Cuando la Tierra está más próxima al Sol, se encuentra en su perihelio, y cuando más lejana, en su afelio. Si se habla de la Luna, está más cerca de la Tierra en su perigeo, y más lejos en su apogeo.

Utilizando, pues, términos análogos que puedan enriquecer la lengua de los astrónomos, si el proyectil permanecía en estado de satélite de la Luna, se debería decir que se encontraba en su aposelenio, cuando estuviera más lejos, y en su periselenio, cuando estuviera más cerca del astro de la noche.

En este último caso el proyectil debía llegar a su máximum de velocidad; y en el primer caso, quedarse en el mínimum. Ahora bien, indudablemente marchaba hacia su punto aposelenítico, y Barbicane pensaba con razón que su velocidad decrecería hasta este punto, para aumentar de nuevo a medida que volviera a acercarse a la Luna. Y la velocidad sería nula, si aquel punto se confundía con el de atracción igual.

Barbicane estudiaba las consecuencias de aquellas diferentes situaciones y trataba de averiguar el partido que podría sacar de cada una de ellas, cuando fue interrumpido en sus meditaciones por un grito de Miguel Ardán.

—¡Vive Dios! —exclamó Miguel—. Hay que confesar que somos tontos de capirote.

—No digo que no —respondió Barbicane—. Pero, ¿por qué?

—Porque tenemos un medio bien sencillo de retardar esa velocidad que nos aleja de la Luna y no lo empleamos.

—¿Qué medio es ése?

—Utilizar la fuerza de retroceso de nuestros cohetes.

—Verdad es que no hemos aprovechado esa fuerza —respondió Barbicane—, pero la aprovecharemos.

—¿Cuándo? —preguntó Miguel.

—Cuando llegue el momento adecuado. Advertid, amigos, que en la posición actual del proyectil, posición oblicua todavía respecto del disco lunar, nuestros cohetes, modificando su dirección podrían apartarlo en vez de aproximarlo a la Luna. Ahora bien, ¿quieren llegar a la Luna?

—¡Qué duda cabe! —replicó Miguel.

—Pues esperen. Por efecto de una influencia inexplicable, el proyectil se inclina a volver su fondo hacia la Tierra. Es probable que en el punto de atracción igual su vértice cónico se dirija enteramente hacia la Luna. En aquel momento se puede esperar que su velocidad sea nula. Aquél será el instante de obrar, y bajo el impulso de nuestros cohetes, quizá podremos provocar una caída directa a la superficie del disco lunar.

—¡Bravo! —exclamó Miguel.

—Eso no lo hemos hecho ni podíamos hacerlo al pasar por primera vez por el punto muerto a causa de que el proyectil se encontraba animado aún de una velocidad demasiado grande.

—Muy bien razonado —dijo Nicholl.

—Esperemos, pues, con paciencia —prosiguió Barbicane—. Pongamos de parte nuestra todas las probabilidades, y después de haber desesperado tanto, empiezo a creer que lograremos nuestro objeto.

Esta conclusión mereció los aplausos de Miguel Ardán. Ninguno, de aquellos tres locos audaces se acordaba ya de que habían convenido en que la Luna no estaba habitada ni probablemente era habitable; lejos de esto, iban a hacer todos los esfuerzos posibles por llegar a ella.

Sólo faltaba resolver una cuestión. ¿En qué momento llegaría el proyectil al punto de atracción igual en que los viajeros se jugarían el todo por el todo?

Para calcular este momento con una aproximación de segundos, Barbicane sólo necesitaba consultar sus notas de viaje y las diferentes alturas tomadas sobre los paralelos lunares. Así, el tiempo empleado en recorrer la distancia que mediaba entre el punto muerto y el Polo Sur debía ser igual a la que separaba el Polo Norte del punto muerto. Las horas que representaban los tiempos recorridos estaban cuidadosamente anotadas, y el cálculo se simplificaba.

Barbicane dedujo que el proyectil llegaría a dicho punto a la una de la madrugada del 7 al 8 de diciembre. En el momento en que hacía el cálculo eran las tres de la madrugada del 6 al 7; faltaban, pues, veintidós horas, si la marcha del proyectil no sufría alteración, para llegar al punto apetecido.

Los cohetes habían sido dispuestos ya anteriormente para amortiguar la caída del proyectil sobre la Luna y a la sazón los audaces viajeros iban a emplearlos para producir un efecto completamente contrario. Como quiera que fuese, se encontraban dispuestos y no tenían que hacer más que esperar el momento de prenderles fuego.

—Ya que no, hay nada que hacer —dijo Nicholl—, voy a proponer una cosa.

—¿Qué? —preguntó Barbicane.

—Propongo que durmamos.

—¡Vaya una idea! —exclamó Miguel Ardán.

—Llevamos cuarenta horas sin pegar los ojos —dijo Nicholl—, unas cuantas horas de sueño nos devolverán nuestras fuerzas.

—Me opongo —replicó Miguel.

—Bueno —prosiguió Nicholl—, que cada cual haga lo que guste; yo, por mi parte, voy a dormir.

Y tendiéndose en un diván, no tardó en roncar profundamente.

—Este Nicholl es un hombre de buen sentido —dijo, al poco momento, Barbicane—. Voy a seguir su ejemplo.

Y a los pocos instantes le hacía dúo.

—No se puede negar —dijo Miguel, cuando se vio solo— que estos hombres prácticos suelen tener buenas ocurrencias.

Y alargando sus piernas y cruzando los brazos sobre la cabeza se durmió también.

Pero aquel sueño no podía ser duradero ni tranquilo. Agitaban el ánimo de aquellos tres hombres demasiado cuidadosos, y así fue que a las siete de la mañana ya estaban otra vez en pie.

El proyectil seguía alejándose de la Luna e inclinando

más y más hacia ella su parte cónica; fenómeno inexplicable hasta entonces, Pero que servía perfectamente a los designios de Barbicane.

Faltaban diecisiete horas para que llegara el momento de obrar.

El día se hizo largo. Por más animosos que fueran los viajeros, se sentían vivamente agitados al acercarse el instante que debía decirlo todo, su caída hacia la Luna o su eterno encadenamiento en una órbita inmutable. Contaron, pues, las horas, demasiado lentas para ellos. Barbicane y Nicholl entregados obstinadamente a sus cálculos, y Miguel yendo y viniendo entre aquellas paredes estrechas, mientras contemplaba con ojos codiciosos aquella Luna impasible.

Por momentos cruzaban rápidamente por su imaginación los recuerdos de la Tierra, y se figuraban ver a sus amigos del «Gun-Club», especialmente al más querido de todos, J. T. Maston. En aquel momento el respetable, secretario estaría ocupando su puesto en las Montañas Rocosas. ¿Qué pensarla si veía el proyectil en el espejo de su gigantesco telescopio? Después de verle desaparecer detrás del Polo Sur de la Luna, le vería reaparecer por el Polo Norte. ¡Era, pues, satélite de un satélite! ¿Habría lanzado J. T. Maston por el mundo esta inesperada nueva? ¿Sería éste el desenlace de tan gran empresa?

Transcurrió aquel día sin incidencia alguno, y llegó la medianoche terrestre. Iba a comenzar el día 8 de diciembre: una hora después llegaban al punto de atracción igual. ¿Qué velocidad animaba entonces al proyectil? No se podía apreciar. Pero ningún error podría inutilizar los cálculos de Barbicane. A la una de la mañana la velocidad debía ser y sería nula.

Otro nuevo fenómeno había de señalar el punto de parada del proyectil en la línea neutral. En aquel punto, en que se anulaban las dos atracciones terrestre y lunar, los objetos «no pesarían», reproduciéndose aquel singular fenómeno que tanto había sorprendido ya una vez a Barbicane y sus compañeros. En aquel momento preciso sería necesario obrar.

Ya el vértice cónico del proyectil se encontraba sensiblemente vuelto hacia el disco lunar; y la posición permitía utilizar perfectamente todo el retroceso producido por el empuje de los cohetes. Las probabilidades se volverían favorables a los viajeros. Si la velocidad del proyectil quedaba enteramente anulada en aquel punto muerto, bastaría un movimiento determinado hacia la Luna, por ligero que fuera, para determinar su caída.

—La una menos cinco minutos —dijo Nicholl.

—Todo está listo —dijo Miguel Ardán, acercando una mecha preparada la llama del gas.

—¡Espera! —dijo Barbicane, que tenía en la mano su cronómetro.

En aquel momento no se dejaba sentir la gravedad, y los viajeros notaban en sí mismos aquella completa desaparición. Estaban inmediatos al punto neutral, si no en él mismo.

—¡La una! —dijo Barbicane.

Miguel aplicó la mecha inflamada a un aparato que ponía en comunicación instantánea a los cohetes. No se oyó detonación alguna en la parte exterior, donde faltaba el aire. Pero por las lumbreras, vio Barbicane un fogonazo prolongado que se apagó al punto.

El proyectil sufrió una sacudida que se percibió muy distante en lo interior.

Los tres amigos miraban, escuchaban sin hablar, respirando apenas; podían oírse los latidos de sus corazones en medio de aquel absoluto silencio.

—¿Caemos? —preguntó por último Miguel Ardán.

—No —respondió Nicholl—; puesto que el fondo del proyectil no se vuelve hacia el disco lunar.

En aquel momento, Barbicane, apartándose del cristal de la lumbrera, se volvió hacia sus compañeros, los cuales le vieron horriblemente pálido, con la frente arrugada y los labios contraídos.

—¡Caemos! —dijo.

—¡Ah! —exclamó Miguel Ardán—. ¿Hacia la Luna?

—Hacia la Tierra —respondió Barbicane.

—¡Diablo! —exclamó. Ardán. Añadió luego, filosóficamente—: ¡Bueno! ¡Al entrar en el proyectil pensábamos que no sería fácil salir de él!

Comenzaba, efectivamente, aquella espantosa caída. La velocidad que conservaba el proyectil le había llevado más allá del punto muerto, sin que pudiera impedirlo la explosión de los cohetes. Aquella velocidad que, a la ida, había arrastrado al proyectil fuera de la línea neutral, lo arrastraba también a la vuelta. La física exigía que, en su órbita elíptica, «volviera a recorrer todos los puntos por donde había pasado antes».

Era una caída espantosa; desde una altura de 78.000 leguas y que ningún muelle ni resorte podía debilitar. Con arreglo a las leyes de la balística, el proyectil debía dar en la Tierra con una velocidad igual a la que lo animaba al salir del columbiad, o sea, a una velocidad de 16.000 metros en el último segundo.

Y para dar una idea de comparación, diremos que se ha calculado que un objeto arrojado desde la parte más alta de las torres de Nuestra Señora de París, cuya altura no pasa de los 200 pies, llega al suelo con una velocidad de 120 leguas por hora. En el caso a que nos referimos, el proyectil debía caer en la Tierra con una velocidad de «cincuenta y siete mil seiscientas leguas por hora».

—¡Estamos perdidos! —dijo fríamente, Nicholl.

—Pues bien, si morimos —respondió Barbicane, con una especie de fervor religioso—, el resultado de nuestro viaje será mucho mayor de lo que pensábamos. ¡Dios mismo nos dirá su secreto! ¡En la otra vida, el alma no necesita máquinas ni aparatos para saberlo todo! ¡Se identificará con la sabiduría eterna!

—En todo caso —replicó Miguel Ardán—, el otro mundo todo entero bien puede consolarnos de la pérdida de este astro íntimo que se llama Luna.

Barbicane se cruzó de brazos, en ademán de sublime resignación.

—¡Hágase la voluntad de Dios! —dijo, con voz profundamente emocionada.

Capítulo XX:
Los sondeos de la Susquehanna

—¡Eh, teniente! ¿Cómo va ese sondeo?

—Creo, caballero, que la operación toca a su fin —contestó el teniente Bronsfield—pero ¿quién iba a figurarse semejante profundidad tan cerca de tierra, a un centenar de leguas únicamente de la costa americana?

—Efectivamente, Bronsfield, es una gran depresión —dijo el capitán Blomsberry—. Existe en estos lugares un valle submarino, ahondado por la corriente de Humboldt, que sigue las costas de América hasta el estrecho de Magallanes.

—Estas grandes profundidades —siguió diciendo el teniente— son poco favorables para la colocación del cable telegráfico. Es mejor un fondo plano, como el que tiene el cable americano entre Valentín y Terranova.

—Estoy de acuerdo en ello, Bronsfield. Y con vuestro permiso, teniente, ¿qué profundidad tenemos ahora?

—Caballero —contestó Bronsfield—, tenemos ahora veintiún mil quinientos pies de sonda empleada y aún no ha tocado fondo el proyectil que la sumerge, porque de lo contrario se hubiera elevado la sonda por si sola.

Es un aparato ingenioso el de Brock —dijo el capitán Blomsberry—. Permite observar los sondeos con gran exactitud.

—¡Toca! —gritó en aquel momento uno de los timoneles de proa, que vigilaba la operación.

El capitán y el teniente se llegaron inmediatamente al castillo de proa.

—¿Qué profundidad tenemos? —preguntó el capitán.

—Veintiún mil setecientos sesenta y dos pies —contestó el teniente apuntando esta cifra en su cuaderno de observaciones.

—Bien, Bronsfield —dijo el capitán—, voy a trasladar este resultado a mi mapa. Ahora mandad que suban a bordo la sonda. Mientras se lleva a cabo esta operación, que enciendan las hornillas, y así estaremos dispuestos a partir cuando vos concluyáis. Son las diez de la noche, y, con vuestro permiso, teniente, voy a acostarme.

—¡Háganlo, caballero, háganlo! —respondió el teniente Bronsfield.

El capitán de la Susquehanna, un valiente entre los valientes, tomó su ponche, que valió interminables muestras de satisfacción al repostero; se acostó, río sin antes felicitar a su criado por lo bien acondicionado del lecho, y se durmió con apacible sueño.

Eran las diez de la noche. El día 11 de diciembre concluía con una noche magnífica.

La Susquehanna, corbeta de 500 caballos de la marina nacional de los Estados Unidos, se ocupaba en hacer sondeos en el Pacífico, a 100 leguas aproximadamente de la costa americana, hacia la altura de esta península prolongada que se dibuja en la costa de Nuevo Méjico.

Gradualmente había cesado el viento, y nada agitaba las capas del aire. El gallardete de la corbeta colgaba inerte, inmóvil, sobre el mastelero del juanete.

El capitán Johnathan Blomsberry, uno de los más ardientes socios del «Gun-Club», casado con una Horschbidan, tía del capitán e hija de un honrado negociante de Kentucky; el capitán Blomsberry, decimos, no hubiera podido anhelar mejor tiempo para conducir con un buen resultado sus delicadas operaciones de sondeo. Su corbeta no había sufrido ninguno de los efectos de la enorme tempestad que barriendo las nubes amontonadas sobre las Montañas Rocosas permitió observar la marcha del famoso proyectil. Todo marchaba a su gusto, y no olvidaba dar gracias al cielo con todo el fervor de un clérigo.

La serie de sondeos verificados por el Susquehanna tenía por objeto reconocer los fondos más favorables para atender un cable submarino que pusiera en comunicación la isla Hawai con la costa americana.

Tan vasto proyecto era debido a la iniciativa de una compañía poderosa. Su director, el inteligente Ciro Field, tenía el pensamiento de cubrir todas las islas de Oceanía con una extensa red eléctrica; empresa grandiosa y digna del genio americano.

Se habían encomendado las primeras operaciones de sondeo a la corbeta Susquehanna. Durante aquella noche se encontraba ésta exactamente a los 27° 7' de latitud Norte y 41° 37' de longitud Oeste del meridiano de Washington.

La Luna, a la sazón en su último cuarto, empezaba a surgir en el horizonte.

Después de retirarse el capitán Blomsberry se reunieron a popa el teniente Bronsfield y otros oficiales. Cuando asomó la Luna todos los pensamientos se dirigieron hacia este astro, contemplado entonces por las mira das de todo un hemisferio. Los mejores anteojos marinos no hubieran podido descubrir el proyectil errante alrededor de su semiglobo, y, sin embargo, todos se dirigieron hacia el brillante disco que millones de miradas interrogaban en aquel mismo instante.

—Partieron hace diez días —dijo entonces el teniente Bronsfield—. ¿Qué será de ellos?

—Habrán llegado, mi teniente —contestó un joven guardia marina—, harán en este, momento lo que todo viajero cuando llega a un país nuevo: pasearse.

—Lo creo, porque vos lo decís —respondió, sonriendo, el teniente Bronsfield.

—Claro es que no puede dudarse de su llegada —dijo otro de los oficiales—. El proyectil habrá llegado a la Luna en el momento del plenilunio, el 5, a medianoche. Estamos a 11 de diciembre, lo que hace seis días. En seis veces veinticuatro horas, sin oscuridad, hay tiempo para instalarse, cómodamente. Me parece estar viendo a nuestros valientes compatriotas acampando en el fondo de un valle, a la orilla de un arroyo selenita, cerca del proyectil, medió enterrado por la caída, entre residuos volcánicos, y al capitán Nicholl empezando sus operaciones, mientras que Barbicane pone en limpio sus apuntes. Miguel Ardán embalsama las soledades lunares con el perfume de sus «abonos».

—¡Seguramente debe ser asi! —exclamó el joven guardiamarina, entusiasmado por la descripción ideal de su superior.

—Es de creer —respondió el teniente, que no se entusiasmaba tanto—. Desgraciadamente no faltarán siempre noticias directas del mundo lunar.

—Perdone, mi teniente —dijo el guardia—; yo opino que el presidente Barbicane puede escribirnos.

Una explosión de risa acogió esta respuesta.

—Nada de cartas —respondió vivamente el joven—. La administración de Correos no tiene nada que ver en este asunto.

—¿Acaso será por telégrafo eléctrico? —preguntó irónicamente un oficial.

—Tampoco —respondió el guardia—; pero es muy fácil establecer comunicación gráfica con la Tierra.

—¿Y cómo?

—Con el telescopio de Long's Peak. Ya sabéis que aproxima la Luna a dos leguas únicamente de las Montañas Rocosas, y que permite ver en su superficie los objetos de nueve pies de diámetro. Construyendo nuestros ingeniosos amigos un alfabeto gigantesco y escribiendo palabras de cien toesas y frases de una legua de longitud, podrán enviarnos noticias suyas.

Se aplaudió ruidosamente al joven guardia que, en realidad, no carecía de imaginación. El teniente Bronsfield convino también en que la idea era factible. Añadió que, enviando rayos luminosos agrupados en haz por medio de espejos parabólicos, se podían establecer también comunicaciones directas; en efecto, estos rayos serían tan visibles en la superficie de Venus o de Marte como el planeta Neptuno lo es de la Tierra. Concluyó diciendo que los puntos brillantes observados ya sobre los planetas próximos, muy bien podrían ser señales hechas a la Tierra. Hizo observar, sin embargo, que si se pudiesen tener noticias del mundo lunar por estos medios, no podría hacerse lo mismo desde el mundo terrestre, a no ser que los selenitas tuvieran a su disposición instrumentos apropiados para hacer todas sus observaciones a tan grandes distancias.

—Obviamente —respondió uno de los oficiales—; pero lo que sobre todo debe interesarnos es saber qué ha sido de los viajeros y qué han visto. Además, si el experimento ha tenido buen éxito, lo que no dudo, volverá a hacerse otro. El columbiad sigue empotrado en el suelo de la Florida. Con un proyectil, y pólvora, y siempre que la

Luna pase por el cenit, se le podrá mandar un cargamento de viajeros.

—Es indudable —contestó el teniente Bronsfield— que J. T. Maston irá un día de éstos a reunirse con sus amigos.

—Pues si quiere —exclamó el joven guardia— estoy dispuesto a acompañarle.

—¡Oh, no faltarán aficionados! —Replicó Bronsfield—. Y como se abra la mano, bien pronto habrá emigrado a la Luna la mitad de los habitantes de la Tierra.

Esta conversación de los oficiales de la Susquehanna se prolongó poco más o menos hasta la una de la mañana. Imposible sería describir todos los sistemas, todas las teorías emitidas por aquellas atrevidas inteligencias. Parecía que nada era imposible para los americanos, desde la tentativa de Barbicane. Hasta tenían el propósito de enviar a las playas selenitas, no ya una comisión de sabios solamente, sino toda una colonia y un ejército con infantería, caballería y artillería, para conquistar el mundo lunar.

A la una de la mañana aún no habían concluido la extracción de la sonda. Todavía faltaban 10,000 pies, y había trabajo para unas cuantas horas. Los fuegos se encontraban encendidos, según la orden del comandante, y la caldera estaba en presión, pudiendo partir la Susquehanna en aquel mismo momento.

En aquel instante (era la una y diecisiete minutos de la mañana) y cuando el teniente Bronsfield se disponía a entrar en su camarote, le llamó la atención un silbido lejano y repentino.

Al principio creyeron sus compañeros que el silbido era causado por un escape de vapor; pero al levantar la cabeza, observaron que el ruido se oía en las capas más lejanas del aire.

Todavía no habían tenido tiempo de dirigirse una pregunta, cuando el silbido adquirió una intensidad espantosa, y de repente apareció ante sus ojos deslumbrados un bólido enorme, inflamado por la rapidez de la carrera y por el frotamiento con las capas atmosféricas.

¡Aquella masa ardiente fue agrandándose a sus ojos, cayó con el ruido del trueno sobre el bauprés de la corbeta, que quebró al nivel de la proa y se hundió en las olas con un estampido atronador!

De haber caído unos pies más cerca, la Susquehanna hubiese zozobrado con tripulación y equipaje.

En aquel instante se presentó a medio vestir el capitán Blomsberry, y corriendo cómo los demás hacia el castillo de proa, preguntó:

—Con vuestro permiso, señores, ¿qué ha ocurrido?

Y el joven guardiamarina, haciéndose intérprete de todos, exclamó:

—¡Comandante, son «ellos», que vuelven!

Capítulo XXI:
Llamamiento de J. T. Maston

Enorme emoción reinaba a bordo del Susquehanna. Oficiales y marineros olvidaban el terrible peligro que acababan de correr, la posibilidad de ser aplastados y hundidos, y no pensaban más que en la catástrofe con que terminaba aquel viaje: la misión más atrevida de los tiempos antiguos y modernos, y que costaba la vida a los atrevidos aventureros que la habían intentado.

«Son ellos que vuelven», había dicho el joven guardia, y todos le habían comprendido. Nadie ponía en duda que el bólido era el proyectil del «Gun-Club». En cuanto a la suerte de los viajeros que encerraba, estaban divididas las opiniones.

—Han muerto —decía uno.

—Viven —respondía otro—. La capa de agua es profunda y la caída ha sido amortiguada por el agua.

—Pero les habrá faltado el aire —decía otro—, y habrán muerto asfixiados.

—¡Quemados! —replica otro—. El proyectil no era más que una masa incandescente al atravesar la atmósfera.

—¡No importa! —exclamó el capitán—. Vivos o muertos, hay que sacarlos del fondo del mar.

Mientras tanto, sus oficiales, y con su permiso, celebraban consejo. Se trataba de tomar inmediatamente una resolución. La apremiante era la de sacar el proyectil, operación difícil aunque no imposible. Sin embargo, la corbeta no tenía máquinas a propósito, que habrían de ser de gran potencia y exactitud matemática. Así, pues, resolvieron ir al puerto más cercano y avisar al «Gun-Club» de la caída del proyectil.

Esta determinación fue tomada por unanimidad y sólo se discutió la elección del puerto. La costa próxima no presentaba ningún fondeadero hacia el grado veintisiete de latitud. Más arriba, por encima de la península de Monterrey, se encontraba la importante ciudad que le ha dado su nombre; pero situado en los confines de un verdadero desierto, no comunicaba con el interior por ninguna red telegráfica; y solamente la electricidad podía transmitir rápidamente la importante noticia de aquel supuesto regreso.

A algunos grados más arriba se abría la bahía de San Francisco. Por la capital del país del oro serían fáciles las comunicaciones con el centro de la Unión. Forzando la máquina podía la Susquehanna llegar en menos de dos días al puerto de San Francisco. Debía partir, pues, sin retraso alguno.

Estaban encendidos los fuegos y se podía aparejar inmediatamente. Como faltaban por sacar 2,000 metros de sonda, el capitán Blomsberry, para no perder un tiempo precioso decidió cortarla por la línea de flotación.

—Ataremos el cabo a una boya —dijo— y ésta nos indicará el punto en que ha caído el proyectil.

—Además —respondió el teniente Bronsfield—, sabemos exactamente nuestra situación: 27° 7' de latitud Norte y 41° 37 de longitud Oeste.

—Bien, señor Bronsfield —respondió el capitán—, con vuestro permiso, mandad cortar la cuerda.

Se lanzó al océano una fuerte boya reforzada con berlingas. Se sujetó a ella el cabo de la sonda; expuesta únicamente al vaivén del oleaje, no podía derivar mucho.

En aquel momento, el maquinista comunicó al capitán que había presión suficiente para marchar. El capitán dio gracias por el aviso, y mandó hacer rumbo Noroeste. La corbeta navegó a todo vapor hacia la bahía de San Francisco. Eran las tres de la mañana.

Poco eran doscientas veinte leguas para un buque de tan buena marcha como la Susquehanna. En treinta y seis horas devoró el espacio; y el 14 de diciembre, a la una y veintisiete minutos de la noche, fondeaba en la bahía de San Francisco.

Al ver aquel barco de la marina nacional, que llegaba a toda máquina, con el bauprés roto y el palo de mesana apuntalado, excitó la curiosidad pública, y una compacta multitud invadió los muelles, esperando el desembarco.

Así que hubieron fondeado, el capitán Blomsberry y el teniente Bronsfield pasaron a un bote provisto de ocho remeros, que los llevó precipitadamente a tierra; saltaron al muelle.

—¿Dónde está el telégrafo? —preguntaron sin responder a las mil interpelaciones que todo el mundo les dirigía.

El oficial del puerto los condujo en persona a la oficina del telégrafo, en medio de una gran multitud de curiosos.

Blomsberry y Bronsfield entraron en la oficina, mientras la multitud se apretujaba a la puerta.

Momentos después un despacho salía en cuatro direcciones distintas: 1ª, al secretario de la Marina, en Washington; 2ª, al vicepresidente del «Gun-Club», en Baltimore; 3ª, al señor J. T. Maston, Long's Peak, en las Montañas Rocosas; y 4ª, al director del observatorio de Cambridge, en Massachusetts.

El despacho decía:

Caído proyectil del columbiad en el Pacífico, el 12 de diciembre, a la una y diecisiete minutos de la mañana, a los 20° 7 de longitud Norte y 41° 27' de longitud Oeste. Enviad instrucciones, Blomsberry, comandante de la Susquehanna.

Cinco minutos después sabía la noticia toda la ciudad de San Francisco. Antes de las seis de la tarde, los diferentes Estados de la Unión conocían la catástrofe, y a las doce de la noche toda Europa se había enterado por el cable del resultado de la gran tentativa americana.

El imposible describir el efecto producido en el mundo por aquel inesperado desenlace.

Al recibir el despacho, el secretario de la Marina envió por telégrafo a la Susquehanna orden de esperar en la bahía de San Francisco, sin apagar calderas; debía de permanecer día y noche dispuesta a hacerse a la mar.

El observatorio de Cambridge se reunió en sesión extraordinaria, y, con la calma propia de las corporaciones científicas, discutió tranquilamente el punto científico de la cuestión.

En el «Gun-Club» hubo una verdadera explosión. Se encontraban reunidos todos los artilleros, y el respetable Wilcome, vicepresidente de la sociedad, estaba leyendo aquel despacho precipitado, en que J. T. Maston y Belfast participaban haber visto el proyectil por medio del gigantesco reflector de Long's Peak. Esta comunicación añadía que el proyectil, retenido por la atracción lunar, hacia el papel de subsatélite en el mundo solar.

Ya sabemos la verdad sobre este punto.

Al llegar el despacho de Blomsberry, que contradecía terminantemente el telegrama de J. T. Maston, se formaron dos partidos en el seno del «Gun-Club»: uno, el de los viajeros; otro, el de los que, dando más crédito a las observaciones de Long's Peak, suponían que se equivocaba el comandante de la Susquehanna. En opinión de éstos, el supuesto proyectil no era más que uno de tantos bólidos que cruzan la atmósfera y que, al caer en la Tierra, había roto el botalón de la corbeta. No era fácil negar esta afirmación, ya que la velocidad del cuerpo caído había hecho imposible observarlo. El comandante de la Susquehanna y sus oficiales podían haberse equivocado con la mejor intención. Había, no obstante, un argumento en su favor, y era que si el proyectil había caído en la Tierra, su encuentro con el esferoide terrestre no podía verificarse sino a los 27° de latitud Norte, y teniendo en cuenta el tiempo de rotación de la Tierra, entre el 41° y 42° de longitud Oeste.

Como quiera que fuese, el «Gun-Club» acordó por unanimidad que el hermano de Blomsberry, Bilsby y el comandante Elphiston se trasladasen inmediatamente a San Francisco y se determinaran los medios de sacar el proyectil de las profundidades del océano.

Tan excelentes hombres partieron al instante, y el ferrocarril que debía muy pronto atravesar toda la América Central los condujo a San Luis, donde los esperaban sillas de posta.

Casi al mismo tiempo que el secretario de Marina, el vicepresidente del «Gun-Club» y el subdirector del observatorio recibían el despacho de San Francisco; el respetable J. T. Maston sufría la emoción más violenta de toda su vida, emoción que se le había producido desde el estallido de su célebre cañón, y que de nuevo estuvo a punto de costarle la existencia.

Se recordará que el secretario del «Gun-Club» había partido pocos instantes después del proyectil, y casi tan de prisa como él, hacia su puesto de Long's Peak, en las Montañas Rocosas. Le acompañaba el sabio Belfast, director del observatorio de Cambridge; apenas llegaron al observatorio, ambos se instalaron en sus puntos y no se separaron un momento de la boca de su enorme telescopio.

Sabemos también que el gigantesco instrumento se había armado con las mismas condiciones de los reflectores «front view» de los ingleses.

Esta disposición no hacía sufrir más que una reflexión a los objetos, y por consiguiente era más clara la visión. De esto resulta que cuando observaban J. T. Maston y J. Belfast, se encontraban en la parte superior del instrumento y no en la inferior; y llegaban a ella por una escalera de caracol, obra maestra de ligereza, abriéndose debajo de ellos aquel pozo de metal, terminado en un espejo metálico, y que medía 280 pies de profundidad.

Pues bien, los sabios se pasaban la vida en la estrecha plataforma dispuesta encima del telescopio, y maldecían el día, que ocultaba la Luna a su vista; y las nubes, que la cubrían obstinadamente durante toda la noche.

Considérese cuál sería su alegría al poder contemplar, en la noche del 5 de diciembre, el vehículo que conducía a sus amigos a través del espacio. Pero a aquel júbilo siguió un amargo desengaño cuando, fiándose de observaciones incompletas, enviaron su primer telegrama con la afirmación equivocada de que el proyectil se había convertido en satélite de la Luna, y que gravitaba en una órbita inmutable.

A partir de entonces, el proyectil no había vuelto a presentarse a su vista, lo cual se explicaba tanto más fácilmente cuanto que pasaba detrás del disco invisible a la Luna. Pero cuando debió aparecer de nuevo sobre el disco visible, puede juzgarse la impaciencia de J. T. Maston y de su compañero, no menos impaciente que él. A cada minuto de la noche creían ver de nuevo el proyectil y no lo veían. De ahí nacían entre ellos discusiones constantes y disputas violentas, Belfast afirmando que el proyectil no estaba visible, y J. T. Maston sosteniendo que saltaba a los ojos.

—¡Es el proyectil! —repetía J. T. Maston.

—¡No tal! —respondía Belfast—. Es un alud que se desprende de una montaña lunar.

—¡Pues bien, mañana lo veremos!

—No, ya no se le verá más! Va a ser arrastrado al espacio.

—¡No!

—¡Sí!

Y en aquellos momentos en que llovían interjecciones, la irritabilidad bien conocida del secretario del «Gun-Club» constituía un peligro permanente para el respetable Belfast.

Pronto se les hubiera hecho imposible aquella vida en común; pero un suceso inesperado cortó de repente las eternas discusiones.

En la noche del 14 al 15 de diciembre, los dos irreconciliables enemigos se encontraban ocupados en observar el disco lunar. J. T. Maston insultaba, según su costumbre, al sabio Belfast, que se enfurecía a su vez. El secretario del «Gun-Club» sostenía por enésima vez que acababa de divisar el proyectil, añadiendo que había visto la cara de Miguel Ardán a través del cristal de una de las lumbreras.

Y apoyaba sus argumentos con ademanes que su garfio hacía temibles. En aquel instante (eran las diez de la noche) llegó a la plataforma el criado de Belfast y entregó a su amo un pliego que contenía el telegrama del comandante de la Susquehanna.

Belfast rompió el sobre, leyó el contenido y profirió un grito.

—¿Qué es? —dijo J. T. Maston.

—¡El proyectil!

—¿Qué ha pasado?

—¡Ha caído en la Tierra!

Un nuevo grito, más bien un alarido, les respondió.

Se volvió a J. T. Maston, y no le vio. El desdichado, que se había inclinado imprudentemente sobre el tubo de metal, había desparecido en el inmenso telescopio. ¡Una caída de 280 pies! Belfast, fuera de sí, se precipitó al orificio del reflector, y suspiró. J. T. Maston, detenido por su garfio de metal se había quedado enganchado en uno de los puntales que mantenían abierto el telescopio, y profería gritos temibles.

Llamó a sus ayudantes, se echaron cuerdas y, no sin trabajo, sacaron al imprudente secretario del «Gun-Club», que salió sano y salvo por el orificio superior.

—¡Ah! —dijo—. ¡Si llego a romper el espejo!

—Lo habrías pagado —respondió severamente Belfast.

—¿Dónde ha caído ese maldito proyectil? —preguntó J. T. Maston.

—¡En el Pacífico!

—¡Partamos!

Un cuarto de hora después, los dos sabios bajaban la cuesta de las Montañas Rocosas, y a los dos días llegaban a San Francisco al mismo tiempo que sus amigos del «Gun-Club», después de reventar cinco caballos en el camino salieron al encuentro.

—¿Qué vamos a hacer? —dijeron.

—Pescar el proyectil —respondió J. T. Maston—. Y cuanto antes.

Capítulo XXII:
El salvamento

Sabían con toda exactitud el sitio en que el proyectil se había sepultado en las aguas; pero faltaban instrumentos para cogerlo y sacarlo a la superficie; era preciso inventarlos y fabricarlos luego. Sin embargo los ingenieros americanos no se apuraban por tan poca cosa.

Una vez colocados los garfios, y ayudados por el vapor, estaban seguros de levantar el proyectil, a pesar de su peso, que, por lo demás, debía de ser menor, por la densidad del líquido en que se encontraba sumergido.

Pero no era suficiente pescar el proyectil, sino que había que hacerlo pronto, en interés de los viajeros. Nadie dudaba de que todavía estaban vivos.

—Sí —repetía sin cesar J. T. Maston, cuya confianza animaba a todo el mundo—, nuestros amigos son hombres de talento, y no pueden haber caído como tontos. Están vivos y muy vivos; y, por lo tanto, hay que darse prisa, para encontrarlos en este estado. ¡No se preocupen por los víveres ni por el agua; porque de ambas cosas llevan para mucho tiempo! ¡Pero el aire, el aire! ¡Eso es lo que va a faltarles, y por lo tanto hay que apresurarse!

Y se apresuraron, en efecto. La Susquehanna se aprestaba para su nuevo destino. Se dispusieron sus máquinas para maniobrar con las cadenas del tiro. El proyectil de aluminio no pesaba más de 19.230 libras, peso mucho menos que el del cable trasatlántico, que fue levantado del mismo modo. La única dificultad era la forma cilindro-cónica del proyectil, que le hacía difícil de sujetar.

Para obviar este inconveniente, el ingeniero Murchison corrió a San Francisco, mandó construir garfios enormes de un sistema automático, que, una vez sujeto al proyectil entre sus enormes tenazas, no le soltaría más. Mandó preparar asimismo escafandras, que bajo la cubierta impermeable y resistente, permitían a los buzos reconocer el fondo del mar, y embarcó también a bordo de la Susquehanna aparatos de aire comprimido, muy ingeniosamente dispuestos. Eran camarotes con lumbreras, y que el agua, introducida en ciertos compartimientos, podía arrastrar a grandes profundidades. Estos aparatos existían en San Francisco, donde habían ido para la, construcción de un dique submarino; y era una fortuna, porque no, hubiera habido tiempo para construirlos.

No obstante, a pesar de la perfección de aquellos aparatos y del talento de los sabios que habían de usarlos, el éxito de la operación no era muy seguro, ni con mucho. ¡Cuántas eventualidades, desconocidas, puesto que se trataba de buscar el proyectil a veinte mil pies bajo el agua! Además, aun en el caso de que pudiera sacársele a la superficie, ¿cómo habían podido los viajeros soportar el golpe que, sin duda, los veinte mil pies de agua no habrían podido amortiguar?

En definitiva, había que darse mucha prisa y J. T. Maston apremiaba día y noche a sus obreros. Él, por su parte, se encontraba dispuesto a ponerse la escafandra y a ensayar los aparatos de aire, para reconocer la situación de sus valerosos amigos.

No obstante, a pesar de la diligencia empleada para la fabricación de los diferentes aparatos, a pesar de las considerables sumas qué puso a disposición del «Gun-Club» el Gobierno de los Estados Unidos, pasaron cinco días mortales, ¡cinco siglos! antes de que estuvieran terminados los preparativos. Durante este tiempo, la opinión pública se encontraba sobreexcitada en el más alto grado. Por todo el mundo se cruzaban telegramas pues el salvamento de Barbicane, Nicholl y Miguel Ardán había llegado a ser un asunto internacional. Todos los pueblos que habían tomado parte en el empréstito al «Gun-Club» se interesaban en la salvación de los viajeros.

Se embarcaron, por fin, a bordo de la Susquehanna las cadenas de tiro, las cámaras de aire, los garfios automáticos y todo lo demás. J. T. Maston el ingeniero Murchison y los delegados del «Gun-Club» ocupaban ya sus camarotes.

No había más que partir.

A las ocho de la noche del 21 de diciembre zarpó la corbeta con un mar hermoso, una brisa del noroeste y un frío bastante vivo. Toda la población de San Francisco se apiñaba en los muelles, conmovida, pero muda, guardando los vítores para la vuelta.

Se dio la máxima tensión al vapor, y la hélice de la Susquehanna la empujó con rapidez fuera de la bahía.

Inútil es referir las conversaciones de a bordo entre los oficiales, marineros y pasajeros. Todos aquellos hombres tenían un solo pensamiento. Todos aquellos corazones palpitaban bajo la misma emoción. ¿Qué hacían Barbicane y sus compañeros, mientras los otros corrían a socorrerlos? ¿Se encontrarían en estado de intentar alguna atrevida maniobra para conquistar su libertad? Nadie podía decirlo. ¡La verdad es que cualquier medio es insuficiente! Aquella prisión de metal sumergida en el océano a dos leguas de profundidad, desafiaba los esfuerzos de los prisioneros.

El 23 de diciembre, a las ocho de la mañana, después de una rápida travesía, la Susquehanna debía encontrarse en el sitio del siniestro; pero fue preciso esperar hasta el mediodía para obtener la altura con exactitud; la boya que sujetaba la sonda no se había visto.

Al medio día, el capitán Blomsberry, ayudado de sus oficiales, que verificaban la observación, tomó la altura en presencia de los delegados del «Gun-Club». Hubo entonces un momento de ansiedad. Determinada la situación de la Susquehanna, resultó encontrarse unos cuatro minutos al Oeste del sitio en que el proyectil había desaparecido en el agua tras la estrepitosa caída.

Se dio, pues, a la corbeta, el rumbo necesario para llegar a aquel punto.

A las doce y cuarenta y siete minutos, se encontró la boya, que se hallaba en buen estado y debía haber derivado un poco.

—¡Por fin! —exclamó J. T. Maston.

—¿Empezamos? —preguntó el capitán Blomsberry.

—Sin perder un segundo —respondió J. T. Maston.

Se adoptaron las precauciones necesarias para que la corbeta permaneciese casi inmóvil.

Antes de, pensar en coger el proyectil, quiso el ingeniero Murchison reconocer la posición del fondo oceánico. Los aparatos submarinos destinados a ese reconocimiento recibieron su provisión de aire. El manejo de tales aparatos no deja de ser peligroso, porque a 20.000 pies bajo de la superficie de las aguas y sufriendo tan grandes presiones, se hallaban expuestos a roturas cuyas consecuencias serían realmente terribles.

J. T. Maston, el hermano de Blomsberry y el ingeniero Murchison, sin cuidarse de tales peligros, ocuparon un puesto en las cámaras de aire. El comandante presenciaba la operación desde el puente, dispuesto a detener o soltar las cadenas, según fuera necesario. Se había desembarazado la hélice y dirigido la fuerza de las máquinas al cabrestante, que en un momento podía izar los aparatos a bordo.

Comenzó el descenso a la una y veinticinco minutos de la tarde; y la cámara, arrastrada por sus recipientes llenos de agua, desapareció bajo la superficie del océano.

Los oficiales y marineros de a bordo dividían ya su interés entre los prisioneros del proyectil y los del aparato submarino. En cuanto a éstos, se olvidaban de sí mismos, y pegados a los cristales de las lumbreras, observaban atentamente las masas líquidas que atravesaban.

La bajada fue muy rápida; a las dos y diecisiete minutos, J. T. Maston y sus compañeros habían llegado al fondo del Pacífico, Pero nada vieron a no ser un desierto árido, que ni la fauna ni la flora marítima animaban ya. A la luz de sus lámparas provistas de fuertes reflectores, podían observar las oscuras capas de agua en un radio muy extenso, pero el proyectil permanecía invisible para ellos.

Es imposible describir la impaciencia de aquellos atrevidos buzos. Como su aparato se encontraba en comunicación con la corbeta, hicieron una señal convenida de antemano, y la Susquehanna paseó por espacio de una milla la cámara, suspendida a unos cuantos metros del suelo.

En esa forma exploraron toda la llanura submarina engañados a cada instante por ilusiones de óptica que les traspasaban el corazón. Aquí una roca, allí una desigualdad del suelo; les parecía el proyectil deseado; pero luego reconocían su error y se desesperaban.

—Pero ¿dónde están? ¿Dónde están? —exclamaba J. T. Maston.

Y el infeliz llamaba a gritos a Nicholl, Barbicane y. Miguel Ardán; ¡como si sus pobres amigos pudieran oírle, y menos responderle, a través de aquel medio impenetrable!

Así continuaron las investigaciones, hasta el momento en que el aire viciado obligó a los buzos a subir. Esta operación duró desde las seis hasta las doce de la noche.

—Hasta mañana —dijo J. T. Maston, al poner el pie en la cubierta de la corbeta.

—Sí —respondió el capitán Blomsberry.

—Y en otro sitio.

—Sí.

Aún no desconfiaba del éxito J. T. Maston, pero sus compañeros, menos animados ya en las primeras horas, comprendían toda la dificultad de la situación. Lo que parecía facilísimo en San Francisco, en medio del océano se presentaba ya como irrealizable. Las probabilidades de éxito disminuían en gran proporción, y había que confiar a la casualidad el hallazgo del proyectil.

El día siguiente, 24 de diciembre, a pesar de las fatigas de la víspera, se emprendió de nuevo la operación. La corbeta se corrió a unos cuantos minutos al Oeste, y el aparato, provisto de aire condujo otra vez a los exploradores a las profundidades del océano.

Durante todo el día se pasó en pesquisas infructuosas; el lecho del mar estaba desierto; el 25 transcurrió sin resultado y lo mismo el 26.

Esto era desesperante. Todos pensaban en aquellos desventurados que llevaban veintiséis días encerrados en el proyectil. Quizá sintieran en aquel momento los primeros ataques de asfixia, si es que habían salido salvos de la caída. El aire se agotaba, y con el aire, el valor, el ánimo.

—El aire puede ser —respondía siempre J. T. Maston—; pero el valor, no.

El 28, después de otros dos días de reconocimiento, se perdió toda esperanza. Aquel proyectil era un átomo en la inmensidad del mar; había que renunciar a encontrarlo.

Pero J. T. Maston no quería oír hablar de marcharse; no, quería abandonar el sitio sin encontrar por lo menos la sepultura de sus amigos. Sin embargo, el comandante Blomsberry no podía empeñarse más, y a pesar de las reclamaciones del digno secretario, dio orden de zarpar.

El 30 de diciembre, a las nueve de la mañana, la Susquehanna puso la proa al Nordeste, con rumbo hacia la bahía de San Francisco.

Eran las diez, la corbeta se alejaba del lugar de la catástrofe, a media máquina y como pesarosa, cuando el marinero que estaba de vigía en el mastelero de gavia gritó de repente:

¡Una boya a sotavento!

Los oficiales miraron el sitio indicado, y por medio de sus anteojos reconocieron el objeto señalado, que efectivamente, parecía, una de esas boyas que sirven para balizar los pasos de las bahías o de los ríos. Pero lo particular era que en su vértice, que Sobresalía del agua cinco o seis pies, flotaba un pabellón. Aquella hoja brillaba al sol, como si sus paredes fueran de plata bruñida.

El comandante Blomsberry, J. T. Maston, los delegados del «Gun-Club», todos habían subido al puente y examinaban aquel objeto que flotaba a la ventura sobre las olas.

Todos miraban con febril ansiedad, pero en silencio, sin atreverse a formular el pensamiento que se les ocurría.

La corbeta se acercó a menos de dos cables; toda la tripulación se estremeció al reconocer el pabellón americano.

En aquel instante se oyó como un rugido. Era el bueno de J. T. Maston que acababa de caer sin sentido; porque, olvidándose de que su brazo derecho se encontraba substituido por un garfio de hierro, quiso darse una palmada en la cabeza, y recibió un golpe terrible que le privó del conocimiento por completo.

Lo levantaron y le prodigaron auxilios hasta que volvió en sí; y sus primeras palabras fueron:

—¡Ah! ¡Tres veces brutos! ¡Cuatro veces mentecatos! ¡Cinco veces estúpidos!

—Pero ¿qué pasa? —dijeron todos.

—¿Que qué pasa?

—¡Sí diga!

—Pues, so tontos, pasa que el proyectil no pesa más que diecinueve mil doscientas cincuenta libras.

—¿Y qué?

—Y que desaloja veintiocho toneladas, o sea cincuenta y seis mil libras; y, por consiguiente, ¡flota!

Y con qué expresión acentuó la palabra ¡flota! ¡Y era verdad! Todos aquellos sabios habían olvidado esta ley fundamental; que por efecto de la ligereza específica, el proyectil, después de ser arrastrado en su caída hasta las mayores profundidades del océano, tenía que volver naturalmente a la superficie. Y en aquel momento flotaba a merced de las olas...

Inmediatamente se echaron al mar los botes, precipitándose a ellos J. T. Maston y sus amigos. La emoción había llegado al colmo; todos los corazones palpitaban mientras las lanchas se acercaban al proyectil. ¿Qué contendría? ¿Vivos o muertos? ¡Vivos, sí! Vivos a no ser que la muerte hubiera venido a Barbicane y a sus dos amigos después de haber enarbolado aquel pabellón.

En los botes reinaba un profundo silencio; todos los corazones latían agitados; los ojos no veían ya. Una de las lumbreras estaba abierta. Algunos pedazos de cristal que habían quedado en el marco, probaban que se había roto. Esa lumbrera se encontraba entonces a la altura de cinco pies sobre las aguas.

Se acercó una lancha, la de J. T. Maston, y éste corrió hacia el cristal roto…

En aquel momento se oyó la voz alegre y clara de Miguel Ardán, que gritaba con acento de triunfo:

—¡Blancas, Barbicane, cerrado a blancas!

Barbicane, Miguel Ardán y Nicholl jugaban al dominó.

Capítulo XXIII: Conclusión

No se habrá olvidado la inmensa simpatía que acompañó a los tres viajeros en el momento de su partida. Dada la emoción que, tanto en el antiguo mundo como en el nuevo, habían levantado al acometer su empresa, ¿cuál no sería el entusiasmo que había de acogerlos a la vuelta? Los millones de espectadores que habían invadido la península de la Florida, ¿no correrían al encuentro de aquellos aventureros? ¿Aquellas legiones de extranjeros que habían acudido de todos los puntos del Globo a las riberas americanas, abandonarían el territorio de la Unión sin volver a ver a Barbicane, Nicholl y Miguel Ardán? No, la ardiente pasión del público debía responder dignamente a la grandeza de la misión. Unos seres humanos que habían dejado el esferoide terrestre y volvían a él después de aquel extraño viaje a los espacios celestes, no podían menos de ser recibidos como lo será el profeta Elías cuando vuelva a la Tierra. Verlos primero, oírlos después, he ahí el deseo general, deseo que se iba a realizar muy pronto, para todos los habitantes de la Unión americana.

Barbicane, Miguel Ardán, Nicholl y los delegados del «Gun-Club» llegaron sin demora a Baltimore, donde fueron recibidos con indescriptible entusiasmo. Estaban próximas a publicarse las notas del presidente Barbicane. El New York Herald compró el original a un precio que aún se ignora, pero que debió de ser elevadísimo. En efecto, durante la publicación del Viaje a la Luna, la tirada de aquel periódico llegó a cinco millones de ejemplares. A los tres días de la vuelta de los viajeros a la Tierra, se sabían ya los menores detalles de su expedición: no quedaba más que ver a los héroes de aquella misión sobrehumana.

La exploración de Barbicane y sus amigos alrededor de la Luna había permitido el dominio del satélite de la Tierra. Aquellos sabios lo habían observado de visu, y en condiciones particulares, Se sabían ya los sistemas que debían desecharse y los que debían aceptarse, sobre la formación del astro, sobre su origen y sobre su habitabilidad. Se conocían los secretos de su pasado, su presente y su porvenir. ¿Qué objeciones podían oponerse a unos observadores concienzudos que habían medido a menos de 40 kilómetros aquellas curiosas montañas de Tycho, la más extraña del sistema orográfico lunar? ¿Qué podía responderse a los sabios cuyas miradas habían penetrado en los abismos del circo de Platón? ¿Cómo contradecir a aquellos hombres osados, a quienes los azares de su tentativa habían conducido hasta la parte invisible del disco lunar? Había ya derecho a poner límites a esa ciencia selenográfica que había formado el mundo lunar, como Cuvier el esqueleto de un fósil, y decir: ¡la Luna fue un mundo habitable y habitado antes qué la Tierra! ¡La Luna es hoy un mundo inhabitable e inhabitado!

Deseoso el «Gun-Club» de celebrar la vuelta del más ilustre de sus miembros y de sus dos compañeros, organizó un banquete, pero un banquete digno de los triunfadores y del pueblo americano, en tales condiciones, que pudieran tomar parte en él todos los habitantes de la Unión.

Todas las cabezas de línea de los ferrocarriles del Estado se pusieron en comunicación por medio de carriles volantes. En todas las estaciones, empavesadas con las mismas banderas y adornadas del mismo modo, se dispusieron mesas servidas uniformemente. A una hora determinada con exactitud por medio de relojes eléctricos que iban al segundo, se invitó a las poblaciones a sentarse a las mesas del banquete.

Durante cuatro días, desde el 5 al 9 de enero, estuvieron suspendidos los trenes, como lo están el domingo todos los ferrocarriles de la Unión, y todas las vías quedaron libres.

Sólo una locomotora de gran velocidad, y que arrastraba un coche de honor, tuvo permiso para circular aquellos cuatro días por los ferrocarriles de los Estados Unidos.

La locomotora, ocupada por un maquinista y un fogonero, conducía por favor especial, al respetable J. T. Maston, secretario del «Gun-Club».

El coche conducía al presidente Barbicane, al capitán Nicholl y a Miguel Ardán.

Al silbido del maquinista y entre toda clase de aclamaciones, partió el tren de la estación de Baltimore marchando con una velocidad de 80 kilómetros por hora. Pero ¿qué era esa velocidad comparada con la que impulsaba a los tres compañeros al salir del columbiad disparados a la Luna?

De esta manera, fueron pasando de ciudad en ciudad, encontrando a su paso a las poblaciones sentadas a la mesa, y que les saludaban con las mismas aclamaciones y los mismos aplausos. Así recorrieron el Este de la Unión atravesando Pennsylvania, Connecticut, Massachusetts, Vermont, Maine y Nueva Brunswick; cruzando el Norte y el Oeste por Nueva York, Ohio, Michigan y Wisconsin; bajaron de nuevo al Sur por Illinois, Missouri, Arkansas, Texas y la Luisiana; corrieron al Sudeste por Alabama y la Florida; subieron de nuevo por la Georgia y las Carolinas; visitaron el centro de Tennesse, Kentucky, Virginia e Indiana y luego, desde la estación de Washington, volvieron a Baltimore; pudiendo asegurarse en aquellos cuatro días, que todo el pueblo de los Estados Unidos de América sentado en un inmenso banquete, los había saludado con indescriptible entusiasmo a un mismo tiempo.

¡Digna apoteosis de aquellos tres héroes, a quienes la fábula hubiera elevado seguramente a la categoría de semidioses!

Y ahora preguntamos: ¿Produciría algún resultado práctico esta tentativa sin precedentes en los memorias de los viajes? ¿Se establecerán alguna vez comunicaciones directas con la Luna? ¿Se fundará un servicio de navegación a través del espacio, para recorrer el mundo solar? ¿Se podrá ir de uno a otro planeta, de Júpiter a Mercurio, y más adelante de una a otra estrella, de la Polar a Sirio? ¿Habrá, en fin, un sistema de locomoción que permita visitar esos soles que pululan en el firmamento?

Es difícil responder a esas preguntas; pero, dado el audaz ingenio de la raza anglosajona, a nadie extrañará que los americanos hayan procurado sacar partido de la tentativa del presidente Barbicane.

Así, al poco tiempo de la vuelta de los viajeros, el público recibió con marcado favor el anuncio de una Sociedad en Comandita (Limitada) con un capital de cien millones de dólares, dividido en cien mil acciones de a mil dólares, con el nombre de «Sociedad Nacional de Comunicaciones Interestelares». Su presidente era Barbicane; su vicepresidente, el capitán Nicholl; secretario de la administración, J. T. Maston; y director de los movimientos, Miguel Ardán.

Y como es propio del carácter americano preverlo todo en los negocios, hasta las quiebras, se nombró de antemano juez comisario al respetable Harry Treloppe, y síndico a Francisco Dayton.

Índice